子どものなかの未来をつかむ

佐藤廣和
SATO Hirokazu

●生活表現と教育

文理閣

はじめに

本書は筆者が主に研究してきた

一　生活綴方、北方教育、フレネ教育に関する論稿

二　それらの研究をとおして得た教育（学）的思索と教育実践との関わり方

三　愛知私学運動のなかで学び考えたこと

という柱によって構成されている。

収録した論稿は学会誌・紀要・分担執筆・教育雑誌など執筆の場が様々であるため、叙述のスタイルが一定ではない。また、もともと一つひとつが独立したものであるため、系統的な配列にもなっていない。表題から自由に選んで読んでいただければ幸いである。

初出は各論稿の文末に付したが、文中にある時に関する叙述は執筆年によってご理解いただきたい。加筆・修正は最低限にとどめたが、執筆後に出版された著論について言及した部分もある。

筆者が「生活綴方」と出会ったのは、京都大学教育学部在籍中の小川太郎先生、佐古田好一先生の授業をとおしてであった。生活綴方の歴史や思想、実践などに興味を持ち、文献を読みあさった。

生活綴方論のなかで特に〈子ども把握〉に関心を持ったのは、大田堯先生の論稿をとおしてであった。

「ぼくが、ぼくのおとうちゃんが、ぼくのボールをぼくに、ぼくにかってくれた。」

（大田堯『教師の生きがいについて』一ッ橋書房）

この短い、「日本語」の文法からみれば間違いだらけの小学校一年生の文章に子どもの「生活の波動」を読みとり、「生活」と「表現」を戦前の公教育の根本的な矛盾をあらわす概念とした提起は私を生活綴方研究へと誘《いざな》った。とりわけ、そのことがもつ教師への意味づけは研究の視点を確かなものとして刻んだ。

「『生活』としいられた『表現』とのくいちがい、それをあたえて教材伝達の媒介者として、つじつまを合わせようとして、子どもにそむかれる佐々木らをふくめた公教育教師としての悲哀がここには深刻なものとしてあったであろう。」（大田堯　前出書）

私が佐々木昂のリアリズム論を〝子ども把握〟を契機とした〝教師の自己変革〟論が基軸に据えられた点が特徴であるとしたのは、大田先生の視点に拠っている。

大学三年生の夏に初めて訪れた教育現場、京都府美山郡・芦生《あしゅう》分校では教育実践と関わる際の姿勢を学ぶ機会となった。また、名古屋大学教育学研究科在籍中に共同研究として訪問した岐阜県恵那郡付知《つけち》東小学校の実践は、生活綴方教育の実践記録から私が描いていた生活綴方実践のイメージを現実のものとして豊かに示してくれた。これらの出会いが生活綴方研究を進める原動力となった。

秋田の北方教育を中心に研究を進めるうち、戦後早くから注目されながら本格的な資料的裏付けをもって検討されてこなかった佐々木昂の著作集を編むことを思い立ち、京都大学（当時）の伊藤隆司氏と共同作業にかかった。三重大学での本務があるので、夜行列車で秋田に向かい、その日のうちに夜行で戻るという強行軍を含め、たびたび秋田で北方教育同人懇話会の先生方や教え子たちから話を聴かせていただいた。また、当時の資料も多くの方々の御協力を得て集めることができた。他方、酒田の図書館に所蔵されている日刊紙を閲読しようとした際、読みたい日付の部分が破り取られているという事態も経験した。官憲の仕業か、研究者などによる仕業なのかは不明だがそのために夜行で早朝に訪れた私には衝撃的な出来事であった。

『佐々木昂著作集』を編み、解題的研究を書くなかで、己の教育学的枠組みに疑問を感じ、これまで距離をおいてきた「新教育」の教育実践を自分の眼で確かめようと思い立った。具体的には、アメリカ合衆国カリフォルニア州のフリー・スクールやオールタナティブ・スクール、フランスのフレネ教育の学校を参観したが、そこで目にした子どもと教師の営みは、〈生活綴方＝新教育に批判的〉という戦後生活綴方や教育学の枠組みの再検討に私を導くことになった。とりわけフレネ教育に関しては、生活綴方の子ども観を念頭に置いて文献研究を進め、その裏づけによって研究対象に加えた。そして、「生活綴方」が批判したとされてきた「新教育」が実は多様性を持ったものであることを知り、特に戦前フレネが自らの運動の機関誌名を『教育労働者』と命名していたことには衝撃を受けた。

三重大学教育学部の教育学教室に生活指導論を担当する教員として赴任した当時は、全国的に「校内暴力事件」が多発していた時期であった。荒んだ学校の門をくぐる時、このような学校のあり方で〈教育―学習〉が成り立つのかと疑問を抱き、「教えたいことを教える」「学びたいことを学ぶ」という特別な日を作ることを中学校教師の集まりで提案したが、現場を知らない大学教員の戯れ言として受けとられた。そんな思いを持った時、高校（私学）の恩師から「愛知サマーセミナー」の存在を知らされ、以来、その運動に最初は研究者として、後に娘の私学進学を機に親として関わるようになった。そこで出会う親や教師、高校生、市民たちが生み出している壮大な教育運動に、私は「地域に根ざす教育」の一つの姿を感じ取った。またそこには竹内常一氏が提起した〈新しい生活指導概念〉や、佐藤学氏らが提起した〈学びの共同体論〉に関する実践的・理論的な検討の視点が存在するものとも考えている。

本書はこうした私の研究活動の遍歴を記したものでもある。

なお、執筆者名に「佐藤広和」と「佐藤廣和」が混在するのは、愛知私学条例制定運動に受任者の一人として関わる必要から通称記名を本籍記名に変更したことによるものである。

目次

第一部　子どもの発達と生活綴方

一　発達の疎外と人間的感性・感覚の回復

一九七〇年頃、四本足のニワトリを描いた子どものことが話題になった。それは、六〇年代の地域変貌が子どもに反映したものとして、「イネとムギの区別がつかない」、「くつ紐が結べない」などとともに、発達をその根底から崩されている子どもの姿を示すエピソードとして語られてきた。[1] このことを認識の問題としてみると、認識発達の基礎となる、外界の取り入れ口である感覚器官がその機能を果たしていない―つまり、見えているが見ていない、聞こえているが聞いていない―状況がでてきているということになる。

「五感の形成はこれまでの全世界史の労働である」[2] といわれるが我々の感覚器官は、事象を単純に大脳皮質に映し出しているのではなく、感性の人間的な程度に応じて映し出す。「人間的な目は粗野な非人間的な目とは違ったふうに享楽し、人間的な耳は粗野な非人間的な耳とは違ったふうに享楽する」[3] のであり、従って感性は、理性的認識に高められる低次の段階に位置づけられるものではなく、人格、認識の発達において、合理的側面と統一して絶えず追求されるべき重要な側面と言える。

「生活を見つめること」と「生活をつくること」

今日の子どもは、感覚が麻痺し、感性を喪失していると言われている。二つの点からこのことを考えてみよう。

第一に、子どもたちの頭の中には様々な固定観念が形成されており、そのために、事象をとらえる感覚、感性が十分にその機能を発揮できないでいる。このことは、とりわけ表現の問題と密接に関わって、「認識と表現の自由」[4]の獲得が阻害されている。

子どもは、学齢期前からすでに家庭や地域社会において大人から様々な固定観念、偏見といったものをうえつけられているが、学校に入るとそれらは「合理的」な装いのもとにさらに強化されたり、あるいは新たな固定観念が作られたりする。例えば、社会科や国語の伝記の分野では「国力を増すためには、多少の公害もやむをえない」と教えられ、「母の日」になれば「いつもやさしいお母さん」と書くことを要求される。このような教育のあり方は、戦前の生活綴方教師によって「教育の煙幕的効果」[5]と批判されたのだが、今日もなおそれは存在しているばかりでなく、一層強化されようとすらしている。(教科書攻撃を見よ！)

社会と教育によって注入される固定観念は、認識の出発点である感覚器官をくもらせて、見るものも見えなくしてしまう。何故なら我々は最も単純な経験的判断においてさえ、感覚によって与えられたものの総合は、一定の論理形式に基づいてなすのであり、この論理形式がなければ、「バラ」と「赤い」というようなもっとも単純な二つの事実でさえも、「このバラは赤い」というように結びつけることはできないからである。つまり、我々の認識は、経験的レベルのものであっても論理的レベルのものであっても、「感性的なものと合理的なものとの統一としてのみ可能」なのである。[6]

ところが、事実と事実を結びつける論理形式（思惟の形式）が固定的、観念的に形成されるならば、その結びつけ方は事実を正しく生き生きと反映したものにはならない。それればかりか、その論理形式にそぐわない事実自体がとらえられないようになってしまうのである。しかもこの論理形式は、「しいられた『表現』」[7]として子どもの認識の内容を規制していく。

従って、固定観念をつき崩し、感覚をその束縛から解放し、表現の自由を保障することは、認識主体の確立に絶対不可欠の仕事である。

生活綴方が大切にしてきた「概念くだき」は、このような固定観念を事実でもってつき崩すという仕事なのである。「いつもやさしいお母さん」というように、あるとらわれた見方、表現しかできない子どもに、「ある日　ある時」のお母さんをじっくりと観察したり、思い起こさせ、やさしい時、こわい時、悲しんだ時、おこった時などのお母さんをとらえさせる。その分析的事実をもとに、お母さんの総合的な像を描かせていくのである。それは、リアリズムにもとづくヒューマニズムという、生活綴方ばかりでなく、教育にとっても、人間にとっても重要な仕事であると言えよう。

第二に、一九六〇年代の高度経済成長政策による生活、地域の変貌は地域が従来持っていた教育力を喪失させるほどのものであり、感覚や感性を育てる「形成」の機能も弱まった。

自然的環境や地域の子ども集団の中での遊び、家庭での手伝いなどの諸活動は、今日問題になっている身体的発達はもちろんのこと、感覚や感性の発達にとって重要な意味をもっている。子どもは、自然や友達に働きかけたり、働きかけられたりしながら、活動性、自発性を形成していくのであり、このことは、外界と接触する際の窓口である感覚と、事象をみずみずしく自己のなかにとりこむ感性の発達を促す。

ところが、六〇年代の変貌を通じて、子どもの集団的、能動的な活動の場は、日常的には消滅に近い状態になったのである。

かくして、人間形成の基盤を担っていた地域や生活の教育力を回復する実践が、地域行事、農作業、伝承遊びなどを内容とし、たてわり集団組織で取り組まれるのだが、その中でも、たてわり集団を中心とした集団の組織は中軸に位置づけられる必要がある。何故なら、児童文化を継承し発展させる母体である生産的な子ども社会は六〇年代を通じて崩壊してきたし、商業主義的な児童文化は生産的な子ども社会を必ずしも必要とはせず、ただ、それを消費する個々の子どもが存在すればよいからである(8)。

我々の実践の眼目は、子ども自身が生産的な子ども社会を再組織するのを援助することであり、これをぬいては、今日の子どもにとっては非日常的な生活を日常的な生活として組織することはできない。

以上述べてきた二つの点は、「生活をみつめること」(生活認識)と、「生活をつくること」(生活組織)であるが、両者は次のような関係にある。即ち、変化のある、創造的で豊かな生活であるからこそ、感覚や感性を働かせることができるし、生活を深く見つめるからこそ、日常的な生活を創造的なものにする現実的契機が見いだせるのである。

例えば、学校行事の一つである運動会を見てみよう。運動会は、特別教育活動として未だに団体訓練的色彩を濃厚に持っているのだが、その改善の多くは運営の自主的側面(競技内容を含めた企画からではなく)にとどまっているのが現状である。

私は一九七二、七三年に岐阜県恵那郡付知《つけち》町立東小学校の運動会を見る機会を得たが、写真を撮る時どこに位置して良いのか全くとまどってしまった。プログラムを見ても、我々が経験してきた種目(徒競走、玉入れ、組み体操などの)がほとんど見当らず、「はさ立て」「まき切り」「蜂の子とり」といった種目がずらりと並び何がどう展開するのか予想もつかなかったからである。
　当時の東小学校は生活綴方を軸として、「生活を見つめること」と「生活をつくること」を日常的に実践していたのだが、その中で子どもたちの発達のゆがみに正面から立ち向かっていた。例えば、くぎのうってある木をのこぎりでひいて刃をボロボロにしてしまう子ども。豊かな自然的環境があるのに、テレビ、漫画、ゲームづけになっている子ども。このことを発達のゆがみとして子どもたち自身に示しながら、何が「ねうちのあるもの」かをつかませ、他方、全ての学校行事を子どもの日常的な生活の高まりを集約する場に変えていった。前にあげた種目の中の「まき切り」は、のこぎりの刃をボロボロにした子どもたち（四年生）の、のこぎりを立派に使えるようになった日頃の努力の成果のデモンストレーションである。

四年生の種目「まき切り」

　〝日頃の生活の中で最も心に残ったことを競技種目（学習発表会では劇）にする〟というのが東小学校の運動会のスローガンであるが、子どもたちは生活の中から競技種目を決め、競技として成立するための様々な条件を考えて競技種目化していったのである。企画の段階から子どもの自主性にまかされているのだから、当然運営も児童会が全て行っており、教師が何かしようとすると「先生は手をだすな」という野次（？）が子どもたちからとび、次の瞬間には担当の子どもが教師のしようとしたことを処理しているのである。このような運動会であるから、競技内容のもととなる生活と、運動会を担う子ども集団の発展により、競技種目は毎年変わっていた。二年連続で東小学校の運動会を見た私は、教師の企画するもののマンネリズムと、子どもの企画するものの創造的な内容との、あまりの違いに驚きに近い感動を覚えた。

今日の子どもは感覚が麻痺し、感性を喪失していると言われている。確かに、生活・地域の教育力を喪失させ、固定観念をうえつけ認識の自由を妨げようとする社会的諸力（教育にも浸透している）は大きい。しかし、子どもが本来持っている感覚の能動性を引き出すような生活を組織し、その時々に作られる固定観念を生活の事実の認識でつき崩すことは、認識主体の確立を志向する教育実践には不可欠の、しかも絶えず追求すべき課題なのである。

認識における感性的側面について

周知のように、戦後の民間教育運動の中で、子どもの認識発達の問題は理論的課題の最も重要な一つであった。

『山びこ学校』（一九五一年）、『新しい地歴教育』（一九五四年）と、生活綴方を社会科の学習と結合させた実践が出されてくる中で、（一）いわゆる「生活綴方万能論」という実践上の偏向を正し、（二）生活綴方の教育方法上の特質を認識発達の面から抽出し、（三）それに基づいて全教科教育の方法原則を確立するために、生活綴方的教育方法の理論化、定式化が積極的になされることになる。

この作業の中心にいた小川太郎は、毛沢東が『実践論』で展開している〈感性的認識→理性的認識→実践〉という三段階説に学びながら、〈感性的認識→悟性的認識→理性的認識〉という認識発達のシェーマをたて、生活綴方は感性的認識（個々の事実の認識）および悟性的認識（個々の事実の関係と変化を現象的にとらえる認識）までを形成するものであり、理性的認識（本質、法則の認識）は系統的な教科指導によって形成されるとした。その際の感性的認識と理性的認識との関係は不可分な関係であり、しかも前者が後者の前段階、より低次な段階と位置づけられた。

「生活綴方の認識を感性的あるいは悟性的な認識とするならば、社会科学の認識は理性的な認識であるが、両者の間に連続した道はない。(9)」

「しかし、このことは、理性的な認識があれば感性的な認識は不要であるということを意味するものではない。理性的な認識は豊かな感性的認識の蓄積によって、はじめて生きた認識になる。また逆に、感性的認識を豊かに蓄積していくことは、社会科学によって理性的認識を発展させるばあいに、その認識をしんに生きて働く力とする(10)」

小川のこのようなシェーマに対しては、当時から異論が出されていたのだが、近年、そのもととなった認識の三段階説自体の再検討が認識論研究者たちによってされはじめている。

例えば、コプニンは三段階説を次のように批判する。

「感性的なものと合理的なものとを本質的に切り離し、これらを、なにか時間的な間隔によって分離された自立的な認識段階といったものに変えている。人間の知識は、まるで、その始めには、人間的であることをやめ、合理的な契機を欠いた純粋な感覚（思惟形式をそれ自身のなかに定着させている言葉をとおして理解されることのない感覚）に転化しており、後になってあらたに人間の知識にたち帰って、こんどは合理的なものとなる、というわけである。[11]」

我々は、むきだしの感覚それ自体というものを認識の出発点にすえることはできない。我々の感覚の結果は、「人間的形式で、すなわち、言語の文章で表される」のであり、「感覚所与は思考の一定のカテゴリーのもとにおかれており、この意味で感覚所与は知識の要素となっている[12]」。既に述べたように、我々の認識は経験的なレベルのもの（客観をその外的連関と発現という側面から反映したもの）であっても、理論的なレベルのもの（客観をその内的連関と運動の合法則性という側面から反映したもの）であっても、「感性的なものと合理的なものとの統一としてのみ可能[13]」なのである。

ところで小川は、〈感性的認識→悟性的認識→理性的認識〉というシェーマの感性的認識と理性的認識との関係をめぐって、「両者の間に連続した道はない」が、「理性的認識は豊かな感性的認識の蓄積によってはじめて生きた認識になる」という矛盾した説明を加えることによってその弱点を補おうとしたのだが、その意図とするところは、学習におけるコトバ主義（Verbalism）と経験主義を克服し、客観的法則を生き生きとした認識として子どもに獲得させることにあったといえる。

しかしこのシェーマは、小川のそのような意図とは逆に、一方では認識の経験的レベルにおける合理的な側面（言語をとおした論理形式）への着眼が不十分なため経験主義に、他方では、認識の理論的レベルにおける感性的側面（真理の具体的、客観的展開）への着眼が不十分なためコトバ主義におちいることが、それぞれの段階（感性的あるいは理性的認識の）でひとまず合理化され、そしていつか予定調和的に両者が結合して両者の間の「飛躍」と「生きた認識」の獲得がなされる、ということになりかねないのである。

このように、認識における感性的側面は、「理性的認識」に高められる低次の段階に位置づけられるといったものではなく、認識における合理的側面と統一されて絶えず追求されるべきものであるといえよう。(14)とりわけ今日のように二重の意味で感覚、感性の発達が阻害されている状況のもとでは、その仕事の意味は大きいものがある。

教師自身の感性豊かな自己変革を
―むすびにかえて―

我々が問題にしてきた子どもの状況は、単に子どもだけの問題ではない。現在の若い教師は、かつて「くつ紐が結べない」「はしが使えない」等といわれていた子ども自身である。同様に、現在の子どもは将来の教師でもある。従って、我々は子どものあり方と同時に、教師自身のあり方を問題とせざるをえない。

「人のことですから、関係ありません。私が何を言っても仕方のない事です。もし、そこへゆく事があったらその時考えるでしょう。」

これは昨年九月、三重県で起きた尾鷲中学の「校内暴力」事件直後、同僚が講義受講学生に書かせた感想文の一部である。大半の学生は警官の導入、教師への暴力等について感想を述べていたのだが、その中にこのようなものもあった。非常に身近な所で起き、近い将来自分がその原因を作りだしたり、直接遭遇するかもしれないような事象に対しても感覚の麻痺、判断の放棄がみられるのである。これでは、巧妙に世論操作がなされ、隠蔽されている平和の危機、人権の侵害等の事実をつかみ、怒りを持つ等ということは望むべくもないだろう。

こうした「未来の教師」の姿をみていると、「概念くだき」の仕事は小・中・高等学校のみならず大学でも、いや教師になってからも必要なもののように思われる。

とりわけ、子どもの観方（児童観）における固定観念は、子どもの発達と教育実践の発展を妨げる最大のものである。多様な価値観を持ち、多様な発達の筋道をたどる子どもを自分の理解できる範囲や好みでとらえるのではなく、すべての子ども、特に自分の理解の範囲外にいる子どもをとらえることは、単なる子ども把握の技術といったものに解消できるものではない。そればかりか、ある意味で教師の人間的力量そのものが試されることなのである。

教師自らが質の高い文化を獲得し、人間性への深い洞察と信頼を得ていくとともに、「ぼくが、ぼくのおとうちゃんが、ぼくのボールをぼくに、ぼくに買ってくれた」というつたない一文に、この子どもの「生活の波動」（大田堯）を読みとることができるようなとぎすまされた感覚と感性が日々の教育実践に働くとき、その教師は確かな一歩をふみだしたといえる。

注

（1）川上康一『恵那の教育実践レポート　子どもの心とからだ』あゆみ出版、一九七九年参照。
（2）マルクス『経済学・哲学手稿』大月書店、一九六三年、一五四頁。
（3）同前、一五三頁、傍点原文。
（4）小川太郎『生活綴方と教育』明治図書、一九六六年、一三二頁。
（5）小砂丘忠義「教育の煙幕的効果」『綴方生活』一九三一年三月号。
（6）コプニン『認識論』法政大学出版局、一九七三年、二三八頁。

(7)大田堯「教育実践におけるリアリズム」『教育』一九六〇年一月号。
(8)斎藤次郎『子どもたちの現在』風媒社、一九七五年八月、二五七〜二五八頁。
(9)小川・前掲書、七四頁。
(10)同前、七五頁。
(11)コプニン・前掲書、二三五頁。
(12)同前、二三四頁。
(13)同前、二三八頁。
(14)三段階説への批判は、アダム・シャフ『言語と認識』(一九七四年、紀伊國屋書店)にもみられる。また、小川のシェーマを子ども把握との関係で論じた拙稿「生活綴方における子ども把握の意味について」(『教育方法学研究』第四号、一九七九年)も併せて参照されたい。

初出 『生活教育』三九七号、一九八一年一二月。

二　いま、なぜ書くことをだいじにするか

はじめに

おかあちゃん、あけましておめでとう
ことしも、苦労をかけます　　　三和子
これは年賀状がわりの、年賀状つづり方です。
この前順子ねいちゃんと、五百子に、新しいくつを買ってもらった。
私は「わたしのくつも、買ってくれている」と思っていた。
そやけど、順子ねえちゃんと、五百子のくつしかなかった。
順子ねいちゃんは、
「わあい、順子ちゃんほしかったの」
っておおよろこびで、言っていた。五百子も
「わあー、パンダちゃんのくつよ」

って言ってよろこんでいた。

わたしは「五百子んたいいな」って思っていたけど
「五百子よかったな」

って言ってやった。そやけど心の中ではすねとった。そいでこたつにもぐりこんで、ないていた。そうしたらおかあちゃんの声がきこえた。

「みい子だけ、くつ買ってやらなんだで、たるいらなあ」

って言ったら、おばあちゃんが、

「うんそうやなあ」

って言いよいでた。それから
「みい子にも買ってやらんなんなあ」

って言いよいでた。

そやもんでわたしは、「おかあちゃん、えらいにやんちゃこいちゃぁいかんな」って思った。そやし「おかあちゃんだって、わたしに、買ってやりたいと、思っておいでるやっちゃな」って思って、その心がうれしかった。

おかあちゃん、ほんとうにありがとう。

ことしも苦労をかけます。

明けましておめでとう、
三和子年賀状ほんとうに、ありがとう

明けましておめでとう。三和子、年賀状ありがとう。

おかあちゃんは、生れてはじめて、自分の子どもに、年賀状をもらいました。

ほんとうにうれしかったよ。読んでいるうちに、涙がこぼれそうになったよ。

でもがまんして読みました。おばあちゃんも、おとうちゃんも、

「三和子はなかなか、うまいこと書くなあ」

と言っておいでたよ。

これからも、おとうちゃんや、おかあちゃんや、おばあちゃんの言うことをよく聞いて、みんなのことが思えるような、良い子になってほしいと、思います。

おかあちゃんも、三和子に負けないように、勉強して、一生けんめい、思いやりのある、やさしいおかあさんになるよう、努力するつもりです。

三和子ほんとうにありがとう。

おかあちゃんより

三和子へ(1)

「綴方は変幻自在である」と言われる。国語科の文章表現指導の場面にとどまらず、およそ人間的真実が響き合う可能性のある関係のどこにでもはいりこみ、その関係をさらに豊かなものにするために働くことができる。従って、〈書くこと〉の意味づけは、文章表現心理学、文章表現論などからも広く行われているが、生活綴方における〈書くこと〉は教育的関係における意味づけであることは言うまでもない。

私は三重大学でもう一七年の間生活綴方を素材とした講義や演習をしてきているが、参加する学生の大半はいわゆる「作文嫌い」である。「無理矢理書かされる」のが嫌だというのが多いが、「他人に自分のことを知られたくない」という理由もかなり多い。

コミュニケーションは単なる〈おしゃべり〉ではない。よく〈おしゃべり〉をしている間柄でありながら、いや、よく〈おしゃべり〉をしている間柄であるからこそ子どもや若者たちは自己の内面に生起する思いを語れないいらだちを感じているのだ。一〇年ほど前に大学一年生一四人の基礎ゼミを持っていた時のことだが、五月頃、一人の学生が「退学したい」と相談に来た。理由を聞いたうえで、私は、退学するならそれでもいいが、自分が退学する理由を一年生の仲間に話すことを勧めた。ゼミの時間を急遽クラス討論に変更したが、そこで彼女は涙声になりながら自分の思いをおよそ次のように語った。

「私は大学に入ったらいろいろなことを考えたいと思っていた。でも、ゼミ室で先輩やみんなが交わしている会話はとてもそんな雰囲気のものではなかった。ある日、思い切って自分が考えていることを出して意見を求めたらゼミ室がしらけ、上級生から〝あんた、変わってるね〟と言われた。こんな大学にいても意味がないから退学します。」

重苦しい沈黙が続いた後、ぽつりぽつりと語り始めた他の一年生が一様に口に出した言葉は「私も同じ思いだった」ということである。周りの人間関係から「浮いてしまう」ことへの極度の恐れが、日常的にさしさわりのない、場をしらけさせない〈おしゃべり〉へとかれらをかりたてているのである。

今私たちは、とめどもなくおしゃべりを楽しんでいながら交わりの充実感を持てない子ども、自分の心の内にあるものを知られることに恐怖心を持つ子ども、同調的傾向の中で異質なものを排除する子どもといった様々な深刻な状況に直面している。そしてその根底には、「関係」の問題があるということも意識し始めている。〈書くこと〉と〈関係を作ること〉という問題をどうとらえるのか―これが、「いま、なぜ書くことをだいじにするか」という問いの私の受けとめ方である。一人一人に思いはあるのに、それを出せない不自由さ。私たちはこのような不自由さをもたらせている同調化傾向を突破しない限り、生活綴方が求めてきた「人間的真実に結ばれた」関係を実現することはできないだろう。

〈書くこと〉と関係を結ぶこと

アメリカで一九九〇年八月に結成されたホール・ランゲージ運動に関わっている北川千里・メアリー夫妻が日本を訪れ、生活綴方の歴史、理論、実践を詳細に研究し、その成果を一冊の本にしたが、その原題を直訳すると〝書くことによって関係を作る〟になる。(2) かつて生活綴方による仲間作り（学級集団作り）に対する「班・核・討議づくり」による学級集団づくりからの批判のなかに、〈書くこと〉によらない集団づくりの方法があり、その方法のほうが優れているという意見があった。集団の組織という点では、〈書くこと〉によらない方法論があるのは確かである。また、生活綴方的仲間づくり実践の基底の集団観に批判されたような「日本的和の世界」というものがあったのかどうか、私たちも慎重に検討せねばならないであろう。(3) しかし、〝コミュニケーション不全症候群〟（中島梓）などという問題が指摘がなされる今日、〈書くこと〉を関係を結ぶという観点から再検討することは生活綴方教育にとって重要な課題となっているのではないだろうか。

一九九五年夏の日本作文の会夏季研究集会には、「生活綴方と教育学」という分科会が初めて設けられ、世話人の村山士郎が「生活を書き綴ることの意味化とコミュニケーション」と題する基調報告的問題提起を行った。その中で村山は生活綴方の発達論的検討の必要性を訴え、次のように述べている。

「しかし、その研究も教育学や発達心理学の理論枠に当てはめて生活綴方（作品）を説明するだけでは、実践の方向が見えてこない。求められているのは、生活綴方に内在した実践的課題を理論的に解明する『生活綴方の教育学』である。」

このことを私なりに解釈すれば、発達論（あるいは哲学的認識論などの諸理論）の最新の成果を単に適用するのではなく、生活綴方の論理から諸科学が解明すべき課題を提起することを同時的に含んだ研究が必要だということであろう。

報告で村山は、「生活綴方は、事実を良く見てありのままに書くことを何よりも大切にしてきた。その基礎には、『認識―表現』軸がすえられており、生活綴方の表現論のリアリズムは、『生活の事実』『生活認識』『生活意識』との関係でとらえられてきた」という認識にたち、「コミュニケーション―表現」軸を新たに導入して「今日における表現の発達論的意味を考えておかなければならない」と問題を投げかけた。生活綴方をとらえる枠組としては、一九七〇年に横須賀薫が「認識と表現」および「生活と表現」という二つの軸をたてたことが知られている。横須賀は二つの軸を立てた場合の生活綴方の実践的展開、理論的意味づけが異なることを指摘した上で、日本作文の会一九六二年度運動方針案の線でもう一度「生活と表現」という軸で問題をたてなおしてみることを提案している。[4] 一九六二年度方針との関わりについて私は横須賀とは異なる立場をとっているが、生活綴方を「生活と表現」軸でもう一度とらえなおして見ることには全く同感である。

ところで、生活綴方による認識形成を論ずる際に小川太郎や国分一太郎らによって導入されたのが〈感性的認識―悟性的認識―理性的認識〉という認識段階論であった。(5) 五〇年代後半からの生活綴方的教育方法に対する批判をうけ、教科で形成される認識との関連づけを想定して、生活綴方による認識形成を感性的および悟性的認識のレベルまでとし、これが基盤となって各教科で形成される理性的認識が子どもたちに確かなものになるというとらえ方がなされた。しかしこの時適用された認識の三段階説は当の哲学分野において早くから問題点が指摘されており、これを克服する試論も十分なものになっているとは言い難い状況がある。(6)

生活綴方の〈書くこと〉を認識論から意味づけようとしたのが「認識―表現」軸であるが、実は「認識」をどのようなものと考えるかによっても実践は変わる。

『民間教育史研究事典』の「生活知性」の項の説明はそれを如実に示している。

「知性の側にアクセントをおいて科学的知識、科学的思考を重要視し、なおそれが生活と離れないものであることを強調した立場と、生活のほうにアクセントをおいてそのなかの課題の解決に知性の必要性を考える立場とがある。この違いはこの語の発生当時から伏在し、なお現在にまで尾をひいている。(7)」

つまり、〈書くこと〉を既成の文化の習得の際の定着手段に位置づけるのか、それとも生活者の立場から既成の文化のあり方の問い直しを含めて真に生活者のために役立つものにしていくという方向性に位置づけるのかという違いである。戦前の綴方教師の場合、農民が理解できないような農業書への批判、あるいは自分たちの実践を批判する学者の教育現場の現実を無視したような物言いに強い反発を示していたが、それは科学や学問、文化そのものを否定したのではなく、自分たちの実践の問題提起を正しく受けとめる理論を求めたからである。最近教育学で問題とされている「民衆知」の持つ知の立場性の要求である。
「生活―表現」軸で生活綴方をとらえようとしたのは、大田堯であった。大田は生活綴方の根本問題としての「生活と表現」における「と」は、「激動する生活の波動と、それを表現したものとのあいだの緊張―心の中に起こっている生活の波動、それを文字に表わす表現、胸の中に起こっている二つのもののあいだにある緊張を示すとである」と述べている[8]。大田が「生活と表現」に関わって注目したのは、北方性教育運動の理論的リーダーの一人とされる佐々木昂《ささきこう》の論であった。

佐々木は一九三〇年の論文「感覚形態」のなかで、「悲しかな人間には表現形式を通過することなしに内容を理解されない[9]」と述べているが、この表現形式の悲しさは三重性を持っている。

第一に、心の中にうごめいている波動と表現されたものとの関係である。言葉という記号で人間は思考すると言われているが、そのような内言は感情を伴った言語として未分化な言葉である。従って、心のうちに湧いていることから表現しようとして切り取った場合であっても、すべての思いを記号で表せつくせない悲しみが伴う（綴っても綴っても表し尽くせない恋人への思いを想起せよ）。ある関係の中でお互いを理解するための道具としての言葉の共有性の故に表現し尽くせないものが残るという緊張感、この緊張感こそ教師が子どもを綴方の表現からとらえる際の、また子どもに文章表現力をつける学習の基本的立脚点である。

第二に、そのような制約をもともと持っている記号としての言語が、〈方言―標準語〉より正確には〈地域生活語―中央国家語〉という文化的、社会的、政治的脈絡に置かれることによってますますその制約性を高める。私たちが外国語を学習する時には、その外国語を支えている人びとの生活と文化を理解して、言葉やいいまわしのもつニュアンスのようなものをつかもうとして努力する。しかし、「方言」と呼ばれる母語に対しては中央国家語に翻訳されるのがあたりまえという感覚からなかなか抜け出せない。私も恵那の生活綴方にふれる中で、綴方に頻繁に出てくる「たるい」という言葉（本論の冒頭の綴方の文中にもある）の理解に苦労した。講義で学生に説明するときには、「おぞい」という言葉と比較しながら、「たるい」が主観的な心情を表現するときによく使われる（例えば、いやだ、悲しいなど）と説明するのだが、恵那地域に住む人の話を聞くとそんな説明では言い尽くせないニュアンスがあるようである。だから、母語にふられたルビで綴方作品を読む時はこのような自覚をもって読むことが必要であるし、さらに言えば作品を生み出した地域生活と文化を理解し、尊重するという姿勢が求められる。〈書くこと〉を支えているこのような言葉を大切にしてきたのは生活綴方の伝統なのだから、言語を認識論、発達論的に分析研究しようとする時には生活綴方の軸を見失わないような追求がいるだろう。井上ひさしが小説『吉里吉里人』でやってのけた「標準語」の「岩手弁」訳、つまり中央国家語を地域生活語に翻訳するという発想はこれまで中央国家語に直されるという位置づけしか与えられてこなかった地域生活語に関する重要な問題提起であった。

第三に、その表現が投げ出される人間関係の問題である。これは綴る際に誰がその綴方を読むのかが書き手に表現内容や方法についての様々な影響をもたらし、さらに発表された作品に対するまわりの反応は、作者に対して大きな批評となる。学級では特に教師の存在が大きいため、生活綴方では独特の教師論を立ててきた。例えば、宮坂哲文は特に教師と子どもとの関係について次のように述べている。

「子どもの主体的現実にふれることは、大なり小なり、かれらの人間的真実にふれることであり、その人間的真実は、教師の側のそれを受けいれる用意の深さとそれにたいする要求の強さとに比例して表現の深浅を示すものであるがゆえに、生活指導における教師自身の人間的自己改造は、生活指導実践におけるたんなる副産物ではなく、その本質的過程をなしている。[10]」

私たちは「ありのまま」に書くということを、心のうちにある事の全て、特に本音といわれている部分を表現することを子どもに要求しそのことが子ども把握に関わって重要であると考えてきた。しかし、〈書く〉という作業は、〈書くこと〉と〈書かないこと〉の識別を瞬間瞬間に伴う作業である。そしてこの識別は、個人的につけている他者に公表しない日記は別として、読み手との関係性との関連でなされる。表現されたものは、表現されなかったものとの緊張関係をもって存在するのであり、書くことの意味は実はこのような緊張関係を一人一人の書き手の子どもの中にどのように生み出すのか、あるいは読み取るのかということと深く関わっている。

かつて坂元忠芳は生活綴方による子ども把握を「それは子どもが主体の側から、こちらのほうへ、いわば進みでてくることをとらえるのだ[11]」と特徴づけた。この進みでてくるでかたは、先に述べた緊張感を伴った表現を意味していると考えられる。

生活綴方の教育実践の方向性について

以上のように、〈書くこと〉を言語の記号性、国家語との関係、関係性という三つの制約を自覚したうえで、今日私たちが発展させなければならない生活綴方教育実践の方向は次のようなものになるのではないかと私は考えている。

第一に、表現が位置づく関係性の再検討、とりわけ教師の役割の再検討が求められる。日本の教育実践のほとんどが、あらゆる回路の中心に教師を位置づけてきたことと関わって、子どもの表現も必ずといってよいほど教師の手を通して学級の中に出されてきた。つまり日記にせよ作文にせよ、子どもはまず教師という読み手を意識して文章を書くのであり、その作品が学級で公開され、検討される価値あるものとして教師が判断したとき、公表され、印刷され文集などに収録される。問題の性格によっては教師の判断が意味をもつこともありうるのだが、絶えず教師の手を通して子どもの表現が位置づけられ、すべての回路の中心に教師がいることが、教師が予期しない「落とし穴」に実践を導いていることがある。子どもはいつも教師に対して書くようになり、他の子どもに対する自分の過ちを作文を通じて教師に謝ればその子に謝ったことになると思い、教師もそう思ってしまう。生活綴方教育では班ノートや学級新聞などの実践を通して、学級のメンバーを最初の読み手として意識した表現を開拓してきたが、子どもの権利条約第12条の「意見表明権」とも関わってさらに発展させる必要がある。

第二に、生活綴方における「生活」とは何かという古典的な問いを、九〇年前後からの世界的な動向をにらみながら「人間的に豊かな生活とは何か」という問いに高めた実践を切り拓いていくことである。一九九〇年一一月に設立した三重民間教育研究所の機関誌『環』の宣言に、私たちは次のような一文を配した。

「日本においても、既に民衆の意識のなかに変化の兆しは見られる。農・漁業を犠牲にした偏頗な産業の発達、大企業奉仕型の学歴社会・文化構造のゆがみは多くの人々に苦悩を与え、そのおかしさに気づく人々が増えてきた。人間らしい豊かな生活、生きがいのある生活を求めて体制の枠から離脱しようとする人々も増えてきている。

私たちは、民衆の中に広がりつつあるこうした声、とりわけ青年や子どもたちの真実の要求に耳を傾け、彼等とともに生きがいのある生活、学ぶべき値打ちのあるものを模索するために三重民間教育研究所を設立した。」

日本社会の「豊かさ」とその「病理」については様々な議論が出されているが、つまるところ、全ての人間存在にとって基本である水と空気と土の問題を抜いた豊かさはありえないのではないだろうか。消毒液の匂いのする水で顔を洗い、その味のする水を飲み、排気ガスの空気を吸い、汚染された土で化学肥料づけ、殺虫剤まみれの食物を食べざるをえない生活が本当に豊かなものと言えるのか。水や空気、土の問題を単なる環境問題という頭のレベル（知覚）にとどめるのではなく、味覚を含めた感覚のレベルでもとらえなければ、人間的に豊かな生活とは何かという問いに対する答えは見えてこない。

第三に、これら二つの点をふまえて学校の中の学びの基本的な構図を組み替える必要がある。具体的には、生活綴方が開発した「生活勉強」「生活綴方的教育方法」をこの三〇年間の学習理論と実践の成果のうえに立って今日的に発展させることである。私はフランスのフレネ教育の興味論の成果に着目しながらこの作業を進めているが、フレネ教育運動では「学習文庫」という学習材の開発や、「学校間通信」という文集交換による交流が盛んに行われているからである。[12] 生活綴方が萌芽的には持っていたこのような実践を、日本的な現実に即して発展させることは生活綴方のあらたな展開には是非とも必要である。何故なら、「自己の生活を深く見つめる」という営みは「自己の生活を相対化して世界を広げる」ことと表裏の関係にあり、後者の契機を抜かした実践は地球的規模での思考と地域的行動という現代的な要請に答えられない、単なる主観の吐露に子どもの表現を押しとどめてしまうからである。特に一九七五年以後の日本的豊かさは、カード破産、ローン破産に象徴されるような自己選択的貧困を生み出し、自己選択的であるがゆえに責任が個人に向き、学級で協働で考え行動するということが困難な構図がある。子どもの目はますますうちにこもっていかざるを得ないのである。こうした窒息的状況から、子どもの世界をうんと広げ、自分の生活を世界の広がりのなかでとらえなおすことが大切なのではないだろうか。生活綴方は生活を歴史軸と社会軸との交点のドットととらえたことからすれば、子どもが生きている現代の地球規模での課題と子ども自身の歴史の学習を日常的な生活勉強に結びつけていくような学習材の開発とカリキュラムが求められているといえよう。

ところで、学習観の転換を計り、教師の役割を見直すことに関しては多様な考え方があるだろう。哲学でのコミュニケーション論は自己の到達した真理の正当性を主張する両者がどのように対話が可能となるかという問題意識に支えられており、両者は基本的に対等であることが前提条件である。また、原理的に想定される〈教育者—被教育者〉の関係は見識を持った教育者に指導を受けたいという被教育者の〝弟子入り〟を前提条件としている。この場合、関係そのものが対等ではありえない。それでは、公教育学校での関係はどうであろうか。国家によって指導の内容を規定された教師と、本来的には権利の主体でありながら「義務」的に教育を受けさせられる子どもという関係である。このように、成り立ち自体が非教育的な関係を作り変えるためには、教育労働が国民の教育権との関連で再度とらえなおされる必要があるのではないだろうか。教育労働が原理的には国民の血税によって支えられた公務労働であることから見れば、それは基本的には子ども、国民に対する責務を負った労働であると考えられないだろうか。それを享受する子どものニーズ、つまり自分を自分らしく成長、発達させたいという要求にそわない教育は、例え善意の「指導」であっても「教化」と化す危険性を持っていることを銘記しなければならないだろう。子どもの発達要求の先取りからくる指導も、子ども自身と親（保護者）への説得と納得によらねばならない。

第四に、研究組織の問題である。最近は一九五〇年代半ばにつぐ心理学ブームではないだろうか。自分を理解してほしいし、他者も理解したいが、関係を結ぶという行為を通してお互いを理解し合うことができない—そんな現代の状況が心理学ブームと無関係ではないように思われる。

心理科学研究会が一九七九年に公刊した『教育心理学試論』において、教育心理学がめざすものを生活綴方運動を含めた一九三〇年代の教育科学運動から学ぶという視座から検討した大泉博は、「従来の心理学者や心理学者まがいの教師たちの行ってきた実証主義的で没価値的な〝教育研究〟とちがうのは、実践者であり研究者である教師の主体性を前面に押し出して表現する記録の方法(13)」を綴方教師がとっている点に大きな示唆を受けるべきだとしている。心理学自体は同書でも紹介された田中昌人の発達保障研究を始めとして多くの成果をあげていると聞くが、大泉の指摘した原点を生活綴方実践者、研究者が生活綴方のリアリズムの理解と関わってどう受けとめるのか―それがもっとも基底的なところで私たちに問われている問題のように思われる。

注

(1) 岐阜県恵那郡付知東小学校四年学級通信『のらいぬ』一九七三年一月。
(2) M. Kitagawa & C. Kitagawa: Making Connections with Writing, Heineman Educational Books, Inc., 1987. 川口幸宏他訳『書くことによる教育の創造』大空社、一九九一年。
(3) 川上信夫『生活指導と集団づくり』明治図書、一九七七年参照。
(4) 座談会「生活綴方の原像と現代像」『作文と教育』一九七〇年二月号。
(5) 小川太郎・国分一太郎編『生活綴方的教育方法』明治図書、一九五五年参照。
(6) 例えば、アダム・シャフ『言語と認識』(一九七四年、紀伊國屋書店)、コプニン『認識論』(一九七三年、法政大学出版)などを参照。
(7) 『民間教育史研究事典』評論社、一九七五年、八七頁。
(8) 大田堯『教師の生きがいについて』一ッ橋書房、一九九二年、七七～七八頁、傍点原文。
(9) 佐々木昂「感覚形態」(一九三〇年)佐藤広和・伊藤隆司編『佐々木昂著作集』無明舍、一九八二年、一三頁。
(10) 『宮坂哲文著作集Ⅱ』明治図書、一九六八年、一一九頁。

(11) 坂元忠芳『子どもの発達と生活綴方』青木書店、一九七八年、一二八頁。
(12) 佐藤広和『生活表現と個性化教育』青木書店、一九九五年参照。
(13) 心理科学研究会編『教育心理学試論』三和書房、一九七九年、四九頁。

初出　『作文と教育』第四七巻第一号、一九九六年一月。

三　子どものなかの未来をつかむ

子どもが「わからない」ことと「愛せない」こと

一九八三年頃から、知りあいの教師たちの口から「子どもが分からない」という声がよく聞かれるようになった。「子どもが分からない」という声自体はこれまでもよく耳にすることであり、何もことさら問題にする必要のないことかもしれない。しかし、その教師たちは新卒ではなくベテランの、しかも各県の民間教育研究団体の中堅に位置するような人たちであったから、私には深刻なものに思えた。一九八三年前後には各教育雑誌で「子どものわからなさ」の特集が組まれている。そしてその中で、後に検討するような重要な論点がだされていた。しかしおよそ「子どもを知る」とか「子どもをつかむ」とかいうことを問題にするのであれば、教師自身の問題を避けて通ることはできない。子どもが「わからない」という事態を成り立たせている教師の側の問題を、教師個人個人としてだけではなく、体制的、運動的、思想的な角度からみていくことが必要であろう。

恵那の吉村義之は一九八八九年の東濃民主教育研究会の夏季集会の基調報告で、「異常・異様な忙しさ」として次のようにのべている。

「のんびりとした時代では、『師走』といえば日本の暦の上では一二月とされていますが、一学期の毎日が『師走』だったような気がいたします。だからその反動でしょうか。一学期をふり返ってみる時、いろいろやった、けれども、何かをやったという充実感が残らない。むしろ、それよりも忘れてしまいたい、そんな学期だったように思います。少しひどい言い方をすれば、『子どもを忘れたい。』『学校を忘れたい。』『教育を忘れたい。』そしてできればのんびりと、本当の夏休みにしたい気分でしょう。(1)」

ここで言われている「忙しさ」は、吉村の言葉を借りれば「つじつまを合わせる、形を整える」ための忙しさである。子どもと教育を深く愛してきた恵那の教師を、このような状態に追い込んでいくところに今日の「多忙化政策」の非人間的な本質があらわれている。人間の発達に深く関わる教育と民主主義は、時間を必要としている。そのための時間が、作られた忙しさによって貧しくなっていき、結果として教育と民主主義が貧しいものとなっていくのであれば由々しい問題と言わねばならない。

また、実践のなかにある忙しさは、子どもが教師の願いどおりに育っていかない、それどころか願いとは正反対の方向すら向いている、という重い現状によって、教育実践の充実感をそぐ、空虚でとげとげしい忙しさとなっていく。

以上のようなことをふまえながら、この節では子ども把握をめぐる論点と方法についてのべてみたい。

子どもの「否定的な面、肯定的な面」という捉え方をめぐって

藤原義隆は、「今日もっとも普遍的な子ども観」を「子どもというのは否定的な面もあるが、それは一面である。どの子にも、必ず肯定的な面があるし、その点を評価してやればその子どもは立ち直るし、真っすぐ伸びる」という子ども観であるとしたうえで、この「並列的」な見方が一面的でないことの積極性を認めつつ「わずかでも肯定的な面を見出せば、それを評価することによって、本当に子どもは変革をとげるのかどうか」と批判している。

藤原は次のように述べている。

「子どもをとらえるということは、個々の子どもをしっかり見つめるというだけでなく、現在の子どもたちが、どういう問題状況のなかにいて、どういう構造にとりまかれているかということの分析が基本になくてはならない。とすれば、子どもをとらえるということは、子ども集団をとらえるということであり、子どもに表れた問題点、否定的な面の分析が先行しなくてはならないという結論に達せざるを得ない。(2)」

私はこの文章の前半の部分(「子どもをとらえるということは……分析が基本になくてはならない」)には同意するが、このことから「とすれば」以下の文章にどうしてつながるのかが納得できない。

藤原がいう「否定的な面もあるが、肯定的な面もある」という子ども観が、「今日もっとも普遍的な子ど

も観」といえるかどうか私には疑問である。だがそれ以前に、この「否定的な面もあるが、肯定的な面もある」という捉え方、さらにいえば、藤原の「子どもに表れた問題点、否定的な面の分析が先行しなくてはならない」という捉え方自体が子ども把握として妥当なものであろうか。

「私達は子供たちの肉体の現場―生活の発足点―そこを極めて重要視する。子供たちの生活事実―一様に北方の陰影に蔽はれながらも、各々特殊性であるところの生活事実、それが例へロマンテックであらうとも、不道徳的で、狂暴性であらうとも、痴鈍であり、偏狭であらうとも、その子供がさうである限り、その事実のみからしか起ち上らせる契機はない。私達はその生活事実を裁判官のやうに既成の法文にかけて計量しようとはしない。不道性の據つて来るところ、偏狭性の由因を可及的に考える。そしてプランする。(3)」

これは東北の若き生活綴方教師たちが書いた歴史的な文章の中の一節であるが、ここでかれらは教師として捉えるべき子どもの生活事実を善悪の基準で見ることをせず、事実を事実たらしめている理由を問おうとした。

北方の綴方教師たちは、一人ひとりの子どもへの教育的働きかけの「窓」を探っていたのだが、その「窓」は子どもの生活意欲のもっとも強く表れている部分の発見であり、それは往々にして学校外の教師の目の届きにくいところにあった。

かれらは教室で表れる子どもの姿だけでなく、子どもの生活を全面にわたってとらえようとした。その時、農民の生活現実と意識を理解していない自己の弱さを自覚して、「子どもの綴方に学ぶ」という姿勢を作り上げてきた。そこには自己の実践のリアリティを獲得したいという要求とともに、自己の人間的力量を増したいという願いがこめられていた。子どもはそれまでの教育の総量を総動員して綴方を書くが、それを読む教師は自己の人間的力量を総動員して読むのである。つまり、子どもをとらえるということは結局教師の問題なのである。

「子どもがわからない」という時の子どもを捉える枠組

「子どもがわからない」ということの原因の一つは、子どもを捉える枠組、つまり子どもの表現や行動を理解する際に教師が持っている（はずの）見方が定まっていない、あるいは現在の子どもを捉えられるものになっていないということである。

ここで、戦後早くから子ども把握に深い関心を持っていた矢川徳光の『国民教育学』（一九五七年）に示された見解を想起してみよう。

戦後の教育学に人格概念をマルクス主義的理解のもとにいち早く導入したのは矢川であったが、それには二つの意味があったと考えられる。

第一に、教育学を観念論やいわゆる「児童中心主義」から解放するために、教育および教育学研究のリアリズムを獲得すべく、「権力意志と人間性との矛盾」を解く鍵として人格概念を導入した。

「成長しゆく子どもの教育は、人格の統一、人格の解放、人格の尊厳の確立をめざすものにほかならない。」(4)

これとかかわって、第二に、戦後新教育の提起を積極的に発展させるために、子ども把握論に人格概念を導入した。

「子どもは生きており・意識をそなえており・その意識に外界がふくむ矛盾だけでなくて自己自身のなかの矛盾をも反映させ・それらの矛盾を反映させながらつねに躍動している・個性をそなえた成長中の人格であるからである。子どもは外からの刺激を受けて発達するだけでなく、自己運動・自己発展・自己教育の力をもそなえている小さな人格であるからである。外からの調査研究で、この人格に接近する努力はむろん、しなければならない。だが、いま一つの重要な方法は、子どもという意識ある存在に、その意識のうちがわから自己を主体的にそとへ反映させる道である。(5)」

矢川は生活綴方による子ども把握を次のように意味づけた。

「子どもの個性という特殊性にたいしては、その特殊性をそのままに反映させる方法こそ科学的なのである。(中略)生活綴方をとおしての、子どものうちがわからのそとへの反映を、教師が(教師だけではないのだが)じぶんのがわにそなえている(または、そなえられているべき)社会科学の目をもってうけとり、その映像を社会科学の利器によって分析すること、―それが子どもを科学的に把握する第一義的な仕事であろう。(6)」

ここで矢川が子どもを捉える教師の力量としてあげている「社会科学の目」と「社会科学の利器」が、今問題にしている「子どもを捉える枠組」にあたるものである。

ここで、前の項で述べた教師の人間的力量の問題とあわせてみると二つの問題が浮かびあがってくる。今日「子どもがわからない」という時、一つには、個々の教師の人間的力量の狭さ、限界を補う「教師集団の多様性」が子ども把握に関わってどう確保されているのかという問題、二つには、子どもと人間をとらえるべき社会科学自体の問題である。

共通一次試験実施による学生の「輪切り現象」や、「中学校の非行対策」を名目にした男子体育系サークル所属学生の優先的採用など、教師自身の多様性も年々せばめられていく傾向にあるが、重要なのは単に多様な教師がいるというだけでなく、そのことが「教師集団の多様性」として機能することである。「子どもがわからない」ということばと同時に、「最近の若い教師はつかめない」という声がよく聞かれる状況のもとでは、特に若い教師と子どもの行動や表現を通して子どもについて語り合うことの意義は大きい。綴方教師が重視した作品研究というスタイルの子ども研究会はその一例である。子どもを多様にとらえることから、〝多面的な発達〟と〝発達の筋道の多様性〟が教師集団の間で語られることが重要である。

二つめの社会科学の問題であるが、全面的な解明は私の現在の力量では手に余るので他日を期したいが、以下に問題意識として抱いていることを述べておきたい。

矢川が「社会科学の目」あるいは「社会科学の利器」ということを子どもをとらえる教師の力量としてあげたのは、「子どもに反映する教育諸関係の矛盾の本質」が「権力意志と人間性との矛盾にほかならない」(7)からであった。子ども把握の内容は権力意志に貫かれた姿ではなく、それが人間性と矛盾する姿であった。ところで今日いわれる「子どもがわからない」という声の中には、一体、現在の子どものなかに「権力意志と人間性との矛盾」といったものがあるのかという疑問がこめられているように思われる。矢川や小川太郎らが「生活と教育の結合」を主張した時、生活過程で子どもが獲得した力が管理的な学校や教師の体質への批判となるという期待が含まれていた。しかし、教師の指導と離れた生活過程で自然成長的にそのような力が獲得されるはずがないという批判もこの疑問と軌を一にしている。(8)

ここで小川の次の言葉は含蓄深いものであるといえよう。

「子どもにおける社会の矛盾の反映は、すでに、矛盾をはらむ社会の子どもとして育ちつつある子ども自身の願望・要求と、その実現をさまたげる環境との間の矛盾として、何らかの形で子ども自身の主体的な問題となっているということである。だから、矛盾する意識形態が子どものものになっていくということは、それが子どもをとらえていくことであるとともに、子どもがそれをとらえていくことでもある。(9)」

子どもが矛盾する意識形態をとらえていく時には子ども自身の選択意識が働いており、そこに子どもの感性のありかたを見いだせるわけだが、これが今日の文化状況を反映して非常に多様で複雑になっていると言えよう。原発を調べ始めた子どもはもともとロックが好きな子どもで、「原発いらない」という歌詞が原因で発売中止になった一枚のロックのCDがきっかけとなっていた。短歌に興味をもった子どもに『サラダ記念日』をわたしてもあまり興味をしめさない。たぐっていくと平安時代の宮中を舞台とした漫画のシリーズを読むうちに平安時代そのものと、そこでの感情表現の手段である短歌に興味を持ったのだという。

矢川のいう「社会科学の目」は、子どもがとらえようとしているもののなかに子どもが作ろうとしている「未来」をみる力であると思う。今社会科学自体が「未来」をみるために苦悶している。歴史の進歩にそって真執な議論をしている社会科学者たちと共同しながら、「教育固有の相」（矢川徳光）からの子ども把握論を考えていくことが必要であると思う。

子どもの自由な表現の水路

今から二〇年ほど前、大学院生だった私達は恵那の付知東小学校を毎月のように訪れ、実践を見させてもらっていた。その時四年生だった子どもの一人が名古屋の保育専門学校に入ったので、三重大学のゼミで「私のうけた恵那の教育」について話してもらったことがある。ゼミで生活綴方について若干の知識を得ていた三重大学の学生が、彼女に「生活綴方と教科教育の関係」について質問したのだが、彼女は次のように答えた。

「私たちは、綴方で自分の思っとることや間違っとることを書いて話あっとったもんで、わからんことが恥ずかしくなかった。それで友達と教え合いができたのがよかった。」

「感性的認識」から「理性的認識」への発展の、社会科あたりにそくした具体例を期待していた三重大学の学生はぐらかされたような顔をしていたが、私にはなるほどと思えた。この子どもたちにはじめて出会った時、綴方を「けんかしながら友達になれるから好き」と言った子どもがいた。先の答えにしてもこのことばにしても言い得て妙で、生活綴方の本質的な役割を自分のことばで表している。自由な表現は学級を共同体として建設するかなめであり、学習はこの共同体でなされることによって子どもの人格的結合を強めるも

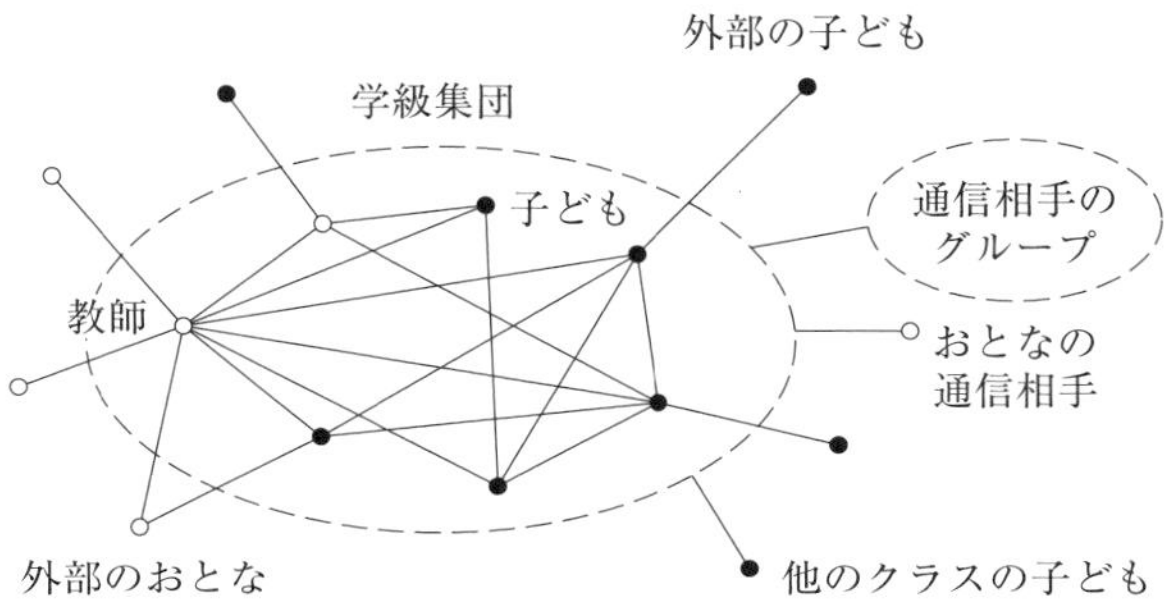

のとなる。

　最近の小学校高学年より上の子どもたちに表れている、教師と距離を持とうとする傾向や教師への反発で自分たちの集団を固めていこうとする傾向、さらには一九八三年頃から指摘され始めた教師の指導に対する拒否傾向といった状況は、教師と子どもの新しい関係づくりという課題を提起している。例えば、若狭蔵之助はそのような新しい関係を上図のように表している。(10)

　教師は集団にとって欠くことのできない部分ではあるが、「あらゆる回路の中心にいる必要」はなく、子どもたちが交流のネットワークをさまざまに編んでゆくのを援助すること、そのような意味での組織者であることが教師の役割なのである。坂元忠芳が「対話的人間(11)」という言葉を使いながら述べている教師の能力は、私の理解では、この組織者としての教師の基本的な能力の一つである。そして、「対話」という相互主体的な関係で成立するコミュニケーションは、自由な表現を保障する共同体として学級、学校、社会を変えていく仕事と結びつかざるをえないのである。

子どもを「個性をそなえた成長中の人格」と捉えることの大切さ

三重県のある公立高校で「生徒指導」問題を内容とした教師の合宿研修会がもたれた。この高校でも服装、頭髪検査や持ち物検査が厳しく行われていたが、ある教師が素朴な疑問として次のような発言をした。

「私たちは生徒に人権の尊重ということを教えているが、こういった検査は人権教育という面からみると問題があるのではないだろうか。」

するとこの発言は「今日はほんねで話し合うということで集まっているんだ。ほんねで話してくれ」という声におさえられてしまったという。

子どもの人権を口にすることが〈ほんねでない〉ということでおさえられるのは、子どもが人格をもった存在として尊重される教育が行われていないことの表れであろう。学校が子どもを一個の人格として見なさない他方で、少年法の改悪に見られるように犯罪面からのみ子どもを「一人前」扱いしようとする動きがある。矢川が指摘するように子どもを「個性をそなえた成長中の人格」としてとらえるかどうかは、今日の教育、社会状況のなかでは極めて重要な論点といえよう。

注

(1)吉村義之「生活に根ざし・生活を変革する教育の創造」『人間・生活・教育』三七号、一九八九年。
(2)藤原義隆「子どもをどうとらえるか」『教育』四二四号、一九八三年四月。
(3)北日本国語教育連盟「北方性とその指導理論」『綴方生活』一九三五年七月、第七巻第七号。
(4)『矢川徳光教育学著作集　第四巻』青木書店、一九七三年、六頁。
(5)同前、八〇頁。
(6)同前、八一頁。
(7)同前、六四頁。
(8)例えば、川上信夫『生活指導と集団づくり』明治図書、一九七七年参照。
(9)小川太郎『教育と陶冶の理論』明治図書、一九六三年、三一頁。
(10)若狭蔵之助『子どもと学級』東京大学出版会、一九八五年。
(11)坂元忠芳「情勢と子どもを一層深く把えるために」『人間・生活・教育』三八号、一九八九年。

初出　『現代と教育』第一二号、一九八九年一〇月。

四　生活綴方による子ども把握の意味について

はじめに

ある教育指導を構想する際に、それが教育的指導たるためには、子どもの「内面」をふまえたものでなければならないといわれてきた。それは、例えば、教材のもつ課題性が、教師の指導を媒介として、子どものそれまでの学習や経験で得た認識との葛藤や共感をよびおこしながら子どもによって意義づけられる時に、教授―学習過程における学習が成立し、それ故、子どもの「内面」が問題とされずにはいられないからである。

ところで、生活指導と文章表現指導との社会的歴史的に特殊な結合態としての生活綴方は、その成立以来常に子どもの「内面」を重視し、それをふまえた教育指導を構想してきた。生活綴方による子ども把握は、教育実践上「子どもの内面を知る」あるいは「子どもをまるごとつかむ」といった言葉で表現され、本来子どもの発達を保障すべき教育（学）が現実の子どもの姿から遊離したところで機能している事態に対して厳しい批判を加えてきた。

しかしながら、では生活綴方で子どもの何をつかむのか、あるいは、子どもの何をどのように把握するが故に意味があるのか、という基本的な問題は、教育実践上の事実に即して理論的に明確にされるにはいたっていない。そこで本小論は、この生活綴方による子ども把握を文章表現を通した事物の主観的反映の「内的構造」の分析による発達課題の環の把握として理論的に解きあかすことを課題とした。

生活綴方のリアリズムと子どもの「内面」

生活綴方を他の形態の文章表現指導（例えば、生命主義綴方や実用主義作文などの）や生活指導と基本的に区別するものは、リアルな文章表現にもとづく教育指導（文章表現指導と生活指導とを共に含んだ）である。つまり、リアルな文章表現は指導の際に依拠せねばならない第一義的なものであり、それ故子どものリアルな文章表現が生まれるような様々な実践上の工夫もなされてきたわけである。

リアルな文章表現とは、「あるがまま」に書くこと、「見たとおり、関いたとおり、感じたとおり、したとおり[1]」に書くことである。が、それは単なる事象の羅列的記述を意味しているのではなく、「あるがままに描かれたものには一行一字にも作者の目的意識に浸された感情の燃焼がなければならない。したがって作者はあるがままの人生の外にあるべき人生を感得する[2]」ような「構成的表現[3]」（村山俊太郎）でなければならないのである。このことは、生活綴方史上では、「調べる綴方」の批判、反省から「リアリズム綴方」が提唱される時期に意識化され、リアリズム（あるがまま）とロマンチシズム（あるべき）の統一といった主張となっていったわけである。

ところで、生活綴方とは単なる文章表現の指導ではなく、文章表現指導を媒介とした教育指導である。

従って文章表現において要求されるところのリアリズムは、結論的には教育指導とのかかわりによって求められていることになる。文章表現におけるリアリズムが、教育指導とどのような関連を有しているのか、という問題であるが、このことはとりもなおさず生活綴方によって把握し、教育する対象は何か、という問題である。

戦後の生活綴方研究では、これを、把握の対象を理性的認識の形成をはかる教授との関連で子どもの認識における感性的ないしは悟性的なるもの、とする考え方が主流をなしてきた。小川太郎を例にとってそれを検討してみよう。

小川は、生活綴方の認識形成に関連する側面の研究に際し、〈感性的認識―悟性的認識―理性的認識〉という認識発達のシェーマをたて、生活綴方は感性的認識及び悟性的認識までを形成するものであり、それが教科指導により理性的認識に高められあるいは理性的認識と結合される時、子どもの認識は確かなものとなるとした。

「生活綴方の認識を感性的あるいは悟性的な認識とするならば、社会科学の認識は理性的な認識であるが、両者の間には連続した道はない。(4)」

「しかし、このことは、理性的な認識があれば感性的な認識は不要であるということを意味するものではない。理性的な認識は豊かな感性的認識の蓄積によって、はじめて生きた認識になる。(5)」

このような理解の上にたって理論化されたものが「生活綴方的教育方法」であるが、そこで生活綴方がとらえるべき子どもの「内面」は、主に子どもがいかなる感性的ないしは悟性的認識を形成しているか、ということであった。そして、それは各教科の指導や学級集団づくり等の各場面に応じて利用されるものであった。

小川は、『山びこ学校』や『新しい地歴教育』『学級革命』などの教育実践が次々と生まれる状況にあって、「生活綴方的教育方法」としてそれらの実践を意味づけようとした。と同時に〈生活綴方万能論〉ともいうべき教育実践上の偏向を排するため、生活綴方の〈限界〉を説き、系統的科学的な教科指導の必要性を明確にしようとしたのである。しかし、その理論化には以下のような問題点を指摘せざるをえない。

まず小川のように生活綴方を感性的認識の直接的な表現ととらえると、各教科の系統的指導とは必ずしも対応しない偶発的要素がそこに介在してくる。子どものリアルな文章表現は、必ずしも理性的認識を担う教科指導の教材と対応するとは限らないのである。小川は、教科指導の必要性を明確にするために、感性的認識から理性的認識への発達は連続的なものではなく、「断絶」や「飛躍」があるとしていたが[(6)]感性的認識を理性的認識の必要条件あるいは出発点とする考え方からは、上述のような論理的帰結にならざるをえない。

第二には、生活綴方によってとらえられる子どもの感性的認識は、認識の出発点であり理性的認識の必要条件とされているが、今日の認識論が明らかにしているように、認識の発達はそのような段階論ではなく、物事をリアルにみる過程（いわゆる「反映過程」）のなかに既に物事をその子どもなりに「構成」してみる過程が含まれており[(7)]リアルな文章表現にはその子どもなりの事実認識が表われざるをえない。しかもそれは、ある部分は社会科の農業学習と対応、他の部分は理科の生物学習に対応するといった個別的なものではなく、個別的認識のあり方を性格づける認識の「内的構造」とでもいうべきものなのである。生活綴方の始祖とされる小砂丘忠義が、「綴方をかく子供は、その作品がよくもあしくも、今までに得た全教育総動員の形で作品を作ってゐるのである[(8)]」としたのも、生活綴方によって、全教育が子どもの「内面」にどのようなものを形成しているかをとらえるという考え方の表明にほかならないのである。

以上、小川を例にとって、生活綴方による子ども把握の対象を認識における感性的なるものとする見解についてみてきたが、要約すれば、この見解は「子どもをまるごとつかむ」という教育実践上の事実にも、また「全教育合力の綴方」という生活綴方史上の遺産にも合致しない理論化であった。

それでは、個々の側面に直接的には分解されない「内面」あるいは認識の「内的構造」とは何であったのか。それは教育指導とどう関連づけられるのか、が次に解くべき問題である。

＊なお、誤解のないように断わっておくが、筆者は教科指導における子どもの生活経験を利用した、あるいはそれと対応した教授を全面否定するわけではない。ただ小川のように感性的認識といったものを設定し、しかもそれを科学的認識に至る出発点としたり必要条件として問題解決学習的帰結をもたらすのに否定的であるだけである。

認識の「内的構造」の表現としての生活綴方

前項で明らかにしたように、生活綴方が把握しようとする子どもの「内面」は、段階的発達論における端初の認識や、各教科指導のために個別的に分解されるようなものではなかった。それは、全教育の結果として子どもがどのような認識の「内的構造」を形成しているかという、「内的構造」のあり方を把握しようとするものであった。

戦後の理論化の主流は小川のような見解であったが、主流とはならなかった系譜に、実は上述のような考え方を端初のかたちではあるがよみとることができる。例えば、矢川徳光は「子どもそのものの発達に具体化されている教育諸関係の矛盾とその止揚(9)」にとりくむ教育学研究は、子どもを「全一体として把握(10)」せねばならないとし、生活綴方の子ども把握を次のように特徴づけている。

「生活細方をとおしての・子どものうちがわからのそとへの反映を、教師が（教師だけではないのだが）じぶんのがわにそなえている（または、そなえられているべき）社会科学の目をもってうけとり、その映像を社会科学の利器によって分析すること—それが子どもを科学的に把握する第一義的な仕事であろう。(11)」

矢川は「うちがわからの反映」という点に生活綴方による子ども把握と他の方法（例えば環境調査のような）によるそれとの違いを見出しているのだが、同様の考え方は坂元忠芳によっても提出されている(12)。しかしながら、「教育諸関係の矛盾」がどのような形でもって「うちがわから」反映されてくるのか。そしてその矛盾の止揚とどう関連するのかまではふれられておらず、端初的な問題提起にとどまっているといわねばならない。筆者は、矢川や坂元の提起を受けて論を発展させることになるのだが、その糸口を第一に佐々木昂の「無」の概念、第二に小川や矢川が提起した「二重の矛盾」論に求めた。本項ではまず前者を検討し、そのかかわりで後者を次項において検討したい。

戦後「生活綴方的教育方法」として定式化されたものの原型は、戦前の「調べた綴方」であった。「調べた綴方」は、生活綴方がその成立期にあって、従来の諸綴方論（例えば、生命主義綴方や随意選題綴方など）の主観的、観念的、個人的、「花鳥風月」（＝非社会的）の傾向を批判し、客観的、集団的、社会的な題材や指導法を積極的に取りいれようとして主張されたものであった。ところが、その実践が単なる事象の羅列的記述を生むようなものにおちいってしまい、その反省として提起されたのが「リアリズム綴方」であり、前項で引いた「あるがまま」に関する主張も、そのような背景のもとに書かれたものである。「調べた綴方」が羅列的記述に堕した最大の要因は、「あるがままに描く」主体（＝作者）のリアリティの欠如であり、生活綴方は「個のリアリティ」に基づかねばならないと主張したのは佐々木昂であった。

「主観的、個人的リアリズムから客観的、社会的なリアリズムへの進展、しかしこの場合でも個人のリアリテイの地帯を貫いてのみ実現される客観的、社会的リアリズムまでの全体的進展を真のリアリズムの名に於て要求したい。」(13)

佐々木は「個のリアリテイ」を生活綴方だけでなく、教育全体にかかわる概念として外延をしていくが、それは教育の可能性と結果を示す「無（＝我）」が個のリアリティに表われるからである。

「無」あるいは「我」とは、「意識以前の意識」(14)である。そして「ありのままに描く」とは「我の観た相のままを描く」(15)ことであり、それ故「バラバラなる事実の模写としてではなく我の自律に於ていかなる部分も部分としてそれ自身単独で意味をもつことのないように組み立てられる」(16)のである。客観的実在は、子どもの脳随にそのままの形で模写されたり、あるいはその模写がまたそのままの形で綴方に表現されるのではない。客観的実在の「何を」とらえるのか、それを「どう」とらえるのか、という過程は、一人ひとりの子どもの認識の「内的構造」（佐々木のいう「無（＝我）」）によって支配されているのであり、それ故、同じ経験を共有（例えば、同じ学級で授業を受けたり、同じ劇を観るなどの）しながらも一人ひとりの子どもはそれぞれに異なる事物の受けとり方をし、異なる内容の文章表現（感想文といった）をしてくるのである。

佐々木は、このような単純な事実に着目しながら、一人ひとりの子どもの認識を個性的に性格づけているものを「無（＝我）」とよび、「形成されつつあるものであり満ち足りることなく流動してゐる」[17]ところの「無（＝我）」を教育陶冶の対象とした。そしてその教育陶冶の「純粋な具現」が、再び文章表現の「個のリアリテイ」に表現され、そこからまた新たな教育陶冶が構想され、実践されるのである[18]。

従って、佐々木の生活綴方による把握の対象は、小川のような感性的認識ではなく、子どもの認識全体を個性的に性格づけているような「無（＝我）」であり、いいかえれば、認識の「内的構造」である。もちろん、生活綴方に直接「内的構造」がでてくるわけではなく、文章表現の分析、つまり作品批評を通してそれは把握されるわけである。

ところで、佐々木は作品批評の観点の一つとして、「何が素材に構成されてるか―生活全面のうちからどの点だけが素材にまで持ち来たされたか」[19]をあげ、「無（＝我）」が生活（学校での生活を当然含めた）全般とかかわっており、心理学的というより社会的（階級、民族、職業などの）な面により関連しているととらえていた。また、小砂丘も「全教育合力」の表現として生活綴方をとらえ、同様な見解を示している。

このように、認識論的な範疇でとらえた「無（＝我）」あるいは「内的構造」が子どもの全生活との関連でもって考えられれば、発達論の範疇である発達の原動力としての「内的矛盾」と認識の「内的構造」とがどのように関連し合っているのか、という問題につきあたらざるをえない。研究の方法としての分析によって、一つの事象を発達論や認識論からそれぞれみることは可能でありかつ不可欠なことであるが、子どもの生活綴方に表われる「内面」は有機的な連関を有したものであり、従って、分析を経て具体的概念として再構成されねばならない。そして、その再構成された「内面」が、教育実践上「子どもをまることつかむ」といわれてきた内容になるのである。

「内的矛盾」と「内的構造」

発達を「自己運動」と規定し、その原動力を「子どもの生活、かれの活動、まわりの社会的環境とかれとの相互関係のなかに生じた内的矛盾」ととらえたのは、ゲ・エス・コスチュークであった[20]。その「内的矛盾」は「子どもの新らしい欲求、関心、志向と、彼の能力の発達水準とのあいだにある矛盾、社会環境が彼に提出し、かれがひき受けた要求と、その要求を満たすに必要な能力や技能の習得水準とのあいだにある矛盾、新しい課題と以前につくられ習慣化している思考方法や行動方法とのあいだにある矛盾[21]」などの具体的な性格をもってあらわれる、とされているが、総じていえば、子どもの未熟な存在としての発達水準と環境とのあいだの矛盾を指している。

これに対して小川太郎は、発達は「環境と未熟な子どもの能力との間の矛盾を子ども自身が止揚していく、子どもの主体的な達成[22]」と規定し、コスチュークの発達＝自己運動論と同様の見解を示しながら、止揚されるべき矛盾は「社会の矛盾の子どもへの反映である子どもの矛盾と、未熟な能力が環境との間に見出す矛盾」という「二重の矛盾[23]」であるとした。さらに、この「二重の矛盾」は、それぞれの矛盾が「まったく別に存在するのではない[24]」それは、「社会の矛盾が、子どもの現代的要求とこれをおさえる環境条件との矛盾として子どもの中に[25]」あらわれるのである。ここで小川は、「内的矛盾」の二元論把握におちいらないよう注意深く論を展開している。このことは、「二重の矛盾」という表現によっても理解できることである。小川は（そしてコスチュークも）、「内的矛盾」はその具体的なあらわれ方としては様々な矛盾―知と無知、現在の能力と要求される能力との間の矛盾というような―としてあらわれるとしながらも、「内的矛盾」自体は一元論的に把握されるべき、統一的なものとしてとらえていた。子どもの「内的矛盾」は、様々な状況や課題、教育的働きかけとかかわって、それらと対応したかたちで個別的なあらわれ方を示す。しかし、それら個別的なあらわれ方の根幹には子どもの「内面」があり、従って、「内的矛盾」も「内面」において何らかの統一性を保たれて存在するのである。

ところで小川は、コスチュークのように「内的矛盾」を直接的に発達の原動力としてはとらえなかった。先に引用したコスチュークの「内的矛盾」の具体的なあらわれ方をここで想起してみよう。すると、そこには明らかに異なったレベルの矛盾が混在していることがうかがわれる。つまり、「子どもの新らしい欲求、関心、志向と、彼の能力の発達水準とのあいだにある矛盾」及び「社会環境が彼に提出し、かれがひきうけた要求と、その要求を満たすに必要な能力や技能の習得水準とのあいだにある矛盾」という二つのものは、矛盾する対立物の一方が子どもの要求や欲求であり、矛盾を止揚しようとする「自己運動」に直接かかわっている。それに比べ、「新しい課題と以前につくられ習慣化している思考方法や行動方法とのあいだにある矛盾」というのは、要求や欲求といった子どもの志向性によって媒介されておらず、従って「自己運動」の原動力として直接機能するにはいたっていない矛盾である。子どもの現在の発達水準と、要求される水準との矛盾は、両水準との間の矛盾を矛盾として認識し、その矛盾を止揚しようとする要求に媒介されてはじめて「自己運動」の原動力となりうるのである。小川は、発達を「二重の矛盾」を「子ども自身が止揚していく、子どもの主体的な達成」と規定したが、矛盾を止揚するための「主体的な構え」は、「矛盾の認識と要求の組織によって、子どもの中に矛盾に働きかける積極的な態度と能力を育てる」[26]ことによりつくられるとしている。

以上のように、子どもの「内面」における矛盾は、矛盾を矛盾として認識し、その矛盾を止揚しようとする要求に媒介されてはじめて発達の原動力となるのである。

小川はこれまで検討してきたように、この問題に正しい把握を示しながら、〈感性的認識—理性的認識〉というシェーマを導入したため、「内的矛盾」の統一性を個別的なものに分解し、認識論の範疇における統一性を保持できなかったのであり、その帰結の問題点は既に前項でみたとおりである。生活綴方が把握しようとしたのは、子どもの認識全体を個性的に性格づける「内的構造」であり、それがどのように「内的矛盾」と「自己運動」とを媒介するのか、が最後に明らかにされねばならない点である。

生活綴方による「発達課題の環」の把握

子どもの「内的矛盾」は矛盾を矛盾として認識し、矛盾を止揚する要求に媒介される時、発達の原動力となりうるものであった。また、認識には「内的構造」があり、それが子どもの認識全体を個性的に性格づけている。とすれば、子どもの「内面」に意識の有無にかかわらず存在する「内的矛盾」が、子どもによって矛盾として認識されるされ方も、この「内的構造」によって個性的に性格づけられるわけである。

子どもの「内面」には「二重の矛盾」として統一性を保持されて「内的矛盾」が客観的に存在しているが、その統一性のもとに、個別的な矛盾が派生的に存在している。それらの個別的な矛盾は、まだ認識と要求とに媒介されない客観的な矛盾であるが、それらのうち、何を矛盾として認識し、止揚しようとするかは、一人ひとりの子どもによって異なる。むろん、矛盾を矛盾として認識するのは、全て自然成長的な過程としてあるわけではない。それは、子どもの認識の「内的構造」を通し、「内的構造」に蓄積された教育諸関係の総和と深い関連を有して認識される。教育指導を構想する際にふまえられなければならないのは、このような「内的構造」である。東北の生活綴方教師の次の一文は、そうした意味で子どものあるがままの姿をとらえようとしていたことを示している。

「子どもたちの生活事実―一様に北方の陰影に蔽はれながらも、各々特殊性であるところの生活事実、それが例へロマンチックであらうとも、不道徳的で、狂暴性であらうとも、痴鈍であり、偏狭であらうとも、その子どもがさうである限り、その事実のみからしか起ち上がらせる契機はない(27)。」

ところで、生活綴方は「ありのままに描く」ような指導を通して生まれきた作品を分析することで、子どもの主観的反映の「内的構造」をとらえようとしてきたのだが、それとともに、子ども自身が最も書きたいこと、あるいは書かずにはいられないことを、自らの意志に基づいて書くことを指導してきた。そのような作品には、家庭の貧困や不当な差別を受けたこと、苦しみや悩みといった深刻な内容が表現されていることが多い。そしてそのような作品こそ、その子どもに対する指導に際して最も重視し、依拠してきたものなのである。何故なら、そこには、子どもの「内的構造」のあり方（傾向）が集中的にあらわれたかたちで、客観的矛盾を認識し、「自己運動」の原動力となる「内的矛盾」に転化しようとしている姿が如実にあらわれ、いわば「発達課題の環」ともいうべきものがあらわれているからである。

統一性をもちながら具体的には個別的な矛盾として「内的矛盾」はあらわれるが、その個別的矛盾の一つに、子どもは「内的構造」を総動員して認識を働かせている。そのようにして、矛盾として認識されるところの矛盾は、全力をあげてそれをつかめば、鎖全体（「内的矛盾」及び「内的構造」の、その子どもなりのあり方）をおさえることができ、しかも、次の鎖（新たな、しかも、より高次な個別的矛盾の認識）への移行を確実に準備できるような、鎖の特殊な一環である。この特殊な一環を、その子どもの現在の「発達課題の環」ととらえ、そこに集中的な指導を加え全力をあげて止揚にとりくむわけである。するとそれは、単に個別的な矛盾の止揚となるだけでなく、「内的構造」のあり方をより高次をものにし、従って、より高次な「内的矛盾」による「自己運動」を可能にするのである。

このように、生活綴方による子ども把握は、「発達課題の環」を把握するところにその意味を見いだせるのだが、これは単に、ひとりひとりの子どもの個人的な「発達課題の環」の把握にとどまらず、集団としての子どもにも貫かれるものである。

綴方教師の実践では、子どもの書いた綴方を学級内で討論することがよくある。しかし、討論の素材を誰のどのような作品にするか、という判断は一定の根拠のもとに慎重になされる。その根拠は、討論によって作品を書いた子ども自身と学級全体の子どもをより高次な認識の段階へ導引くことができるという見通しである。そしてそれは、作者である子どもの「発達課題の環」への指導が、学級の子どもたち全体としての認識の「内的構造」のあり方とかみ合うかどうか、従って、その作品の提起が学級全体の「発達課題の環」となりうるかどうか、という判断に基づいているのである。小川太郎は、生活綴方教育の特質の一つとしてヒューマニズムをあげ、生活綴方が「自己と他人の生活の感情と意見の正しい認識にもとづいて、互いの人間としての同一性を確認し合う」(28)ヒューマニズムを育てるとしたが、それは先にのべた判断に基づいた実践の積みかさねのなかで可能となるものであろう。

(付記)

一　本稿は次のものを基礎に執筆した。

・筆者稿「生活綴方運動史研究序説」『名古屋大学教育学部紀要』第二三巻、一九七六年（とくに、Ⅲ学習指導における生活綴方の役割）
・筆者報告「生活綴方による子ども把握の意味について」第一三回教育方法学会、一九七七年
二　本稿第一項の佐々木昂の「無」の理解については、沼口博「一九三〇年代に於ける技術教育運動―北方教育社の佐々木昂をとおして―」（『大東文化大学紀要』第一六号、一九七八年）に学ぶ所が多かった。ただ同論文においては発達論の範疇の「自己活動（運動）」と、認識論の範疇の「無」との関連は明確にされていない。

注

（1）今井誉次郎「生活綴方の題材」『講座生活綴方1』百合出版、一九六五年、一一三頁。
（2）村山俊太郎『生活童詩の理論と実践』（一九三六年啓文社）『村山俊太郎著作集第二巻』百合出版所収、一九六七年、二〇九頁。
（3）村山「調べた綴方の再構築」（一九三四年）同前九五頁、ここで村山は「羅列的記述」と対比するものとして「構成的表現」を用いている。
（4）小川太郎『生活綴方と教育』明治図書、一九六六年、七四頁。
（5）同前、七五頁。
（6）例えば小川は「日常の生活の経験からときときに学ぶというようなことでは、生活についての科学的な認識は形成される目当てはない」（同前、二一一～二一二頁）としているが、そのすぐ後で「科学的な認識を系統的に形成していくさいに、個々の事実・概念・法則を生活の中での経験の事実と無関係に教えたのでは、子ども自身の認識は育っていかない」（同前二一二頁）と述べ、感性的認識と理性的認識とが不可分の関係をなし、前者が後者の必要条件であることを表明している。
（7）例えば、瀬戸明『現代認識論と弁証法』（汐文社、一九七八年）参照。
（8）小砂丘忠義「全教育合力の上に立つ綴方」『綴方生活』一九三二年一二月号、一二三頁。

(9) 矢川徳光『国民教育学』(明治図書、一九五七年)『矢川徳光教育学著作集　第四巻』(青木書店、一九七三年)所収、六四頁。
(10) 同前、八〇頁。
(11) 同前、八一頁、傍点筆者。
(12)「それは子どもが主体の側から、こちらのほうへ、いわば進みでてくることをとらえるのだ。」坂元忠芳『子どもの発達と生活綴方』青木書店、一九七八年、一二八頁。
(13) 佐々木昂「綴方におけるリアリズムの問題」『北方教育』一九三二年一一月号、二〇頁、傍点筆者。
(14) 佐々木「リアリズム綴方教育序論」『北方教育』一九三四年一月号、三八頁。
(15) 佐々木「リアリズム綴方教育論(一)」『北方教育』一九三四年八月号、一三頁、傍点筆者。
(16) 同前、一三頁、傍点筆者。
(17) 佐々木「リアリズム綴方教育序論」前出、三九頁。
(18) 同前、三九頁。
(19) 佐々木「作品批評に対する三つの観点」『北方教育』一九三三年一月号、四九〜五〇頁、傍点筆者。
(20) ゲ・エス・コスチューク「子どもの発達と教育との相互関係について」『教師の友』一九五九年九・一〇月号、七三頁、傍点筆者。
(21) 同前、七三頁。
(22) 小川太郎『教育と陶冶の理論』明治図書、一九六三年、三二頁。
(23) 同前、三二頁、傍点筆者。
(24) 同前、三二頁。
(25) 同前、三四頁。
(26) 同前、三四頁、傍点筆者。
(27) 北日本国語教育連盟「北方性とその指導理論」『綴方生活』一九三五年七月号、一四頁、傍点筆者。
(28) 小川太郎『生活綴方と教育』前出書、二三頁。

初出　日本教育方法学会『教育方法学研究』第四巻、一九七九年三月。

私が出会った子どもたち（１）

夏休み初日から始まる「子ども村」の四日間では多くの試練と感動があった。学生のTさんが小六のN子が「うちゅう」を「うちゆう」としか読めなかったこと、小六のわんぱく男子グループが「オレ達も力になる」とTさんを励ましたことを夜の反省会で涙ながらに報告した翌日から私は六年生の部屋に出入りするようになった。「子ども村」の行事であるキャンプでは飯ごう炊さんをするのだが、米が炊けたかどうかを確認するのに枯れ木を蓋にあて耳で聴く方法がある。私がそれをしている時「何してるの？」と尋ねたただ一人がN子だった。「こうして聴くと、音で炊け具合が分かるんだよ。聴いてみる？」と枯れ木を彼女に渡そうとした時、その棒は疾風のような男子に持ち去られてしまった。最終日、本堂の階段に座ってその時のことを話すと「私、聴きたかった！」と言ったN子の顔はとてもいい顔だった。その時、小一の女の子が私達の足元に物を投げ「オイ、N子それ取ってくれ」と命令した。私はもちろんだが、N子も一瞬険しい顔をした。六年生に向かって一年生のチビまでがこんな口調で命令するのだ。だがN子はすぐにいつもの穏やかな顔に戻ると、階段を降りてその子の頭をなでながら「ケンカするのはやめよ。疲れるばっかしやわ。あんたのことも許したるでな」と言ったのだ。一年生のチビちゃんは「はぁ？」という顔をして、これまでとは違うN子の顔を見上げた。「私、もっと早く勉強すれば良かった！」と明るい表情で話すN子に私は心から拍手をし、脱帽した。

第二部　生活綴方・北方性教育の歴史的研究

一　北方性教育運動研究に関する一試論
―研究の課題と教育実践史的方法の可能性について

本稿の意図

本小論は、次の二つの課題意識のもとに叙述される。

第一には、北方性教育運動研究の到達点と研究課題を明らかにすることである。その際筆者は、先行研究を三つの時期に区分し、それぞれの時期の研究を性格づけ、到達点と未解明の課題を分節化するという研究史的方法を用いた。

第二には、教育実践史研究の方法論と、その可能性、有効性に関する提起をなすことである。本稿ではそれを北方性教育運動に即して、つまり第一の課題を解明する際、教育実践史的研究方法によってどのような可能性と有効性とがあるのかを明らかにするというかたちで述べた。

従って、北方性教育運動研究と教育実践史研究という二つの側面の課題意識は、本小論が表題にしたテーマによって統一的な叙述をなされる。

ところで、周知のように、戦後の教育（学）に対して戦前生活綴方運動の遺産は、教育思想、児童観、教育方法などの面で特に多大な影響を与えてきた。そしてその戦前生活綴方運動のなかでもとりわけ注目されてきたのが北方性教育運動である。故に、北方性教育運動に言及した著論、研究は多くあるのだが、その動向を歴史的に整理すると次のような時期区分が可能となる。

第一期（一九五一〜一九六一年）

第二期（一九六二〜一九六九年）

第三期（一九七〇〜一九七九年）

各期の研究動向の特徴については次項で詳細に述べるが、そこでは、各期の研究を性格づける遺産の継承主体の問題意識と、それを生じせしめた教育状況についてふれることができなかった。「教育運動史研究は教育運動として進められねばならない(1)」という原則に従えば、研究史の整理はその基礎作業として上記の点の検討を不可欠とするのだが、他の機会に譲ることとする。従って、本稿が明らかにするのは、北方性教育運動研究の、研究の内的論理を主とした課題となるわけである。

また第三項の教育実践史的研究方法については、その前提たる教育実践の概念規定から解き明かすことができなかった(2)。さらに、方法的特質についても本稿でとりあげられなかったものがあると考えられるが、とりあえず想起したものについてのみ言及したことを断っておきたい。

二　北方性教育運動研究の到達点と課題

第一期（一九五一〜一九六一年）

この期の研究動向の特徴は、駒林邦男による「北方性生活綴方教育運動は、まぎれもなく『抵抗の教育運動』であった」[3]という一文に要約的に見出される。具体的には、次の二点である。

第一には、「抵抗性」という点では新興教育・教育労働者組合（略称「新教―教労」）の運動に劣るが、日本資本主義の矛盾の焦点である農村なかんずく東北のそれに立脚し、子どもと地域の現実に結んだ教育実践によって官僚的・ファッショ的な公教育を改造しようとした点で「抵抗性」を有するということである。例えば、

「（北方性教育運動とは―筆者註）一九二九年（昭和四年）ごろから一九三七年（昭和一二年）ごろにかけて、東北地方において行われた生活綴方を中心とする教育運動をいう。しかし、これは昭和一〇年代にはいると、地域的な教育運動・文化運動の域を脱し、封建的・官僚的・ファッショ的な日本教育を改造しようとする全国的な運動としての性格をおびていった[4]。」

「この運動は、『綴方』を拠点として教育全体のあり方を問題にしようという意図をもちながらも、その意図を現実に推進するための物質的な力、とくに教員組合運動をもたなかったために、単に綴方の枠を、はみ出るという程度にとどまらざるを得なかった[5]。」

というような評価である[6]。

第二に、他方、教育方法の面では、新興教育運動を観念注入主義、公式主義と規定し、それとの対比で北方性教育を含めた生活綴方運動における教育方法の優越性を説くことである。

「これまでの政治的活動・文学的活動・公式的な『新興教育』の運動に対する、みずからの批判を含め

て、公教育の教化主義にみる外からの基準（固定観念や独断）のおしつけが、個人の認識の発展や価値観の形成に対して、どんなに非力なものであるかを自覚していったのである。」（鈴木貞雄）[7]

この二点目は、一九五四年頃から本格的に定式化され、実践された「生活綴方的教育方法」との関連で特に強調されたのだが、後に、新教―教労の運動の当事者、研究者によって、「『新興教育』をおとしめることによって、それに対比して、『北方性教育』またはその教師たちの『具体的実践』なるものを奨揚しようとしている」という批判をうけることになる。[8] これは正当な批判である。第一に、先に引用した鈴木貞雄の叙述（そして駒林や国分一太郎もその著論で同様の叙述をしている）では、北方性教育運動に携わった教師が新教に関わっていて、その反省から北方性教育運動を起こしたかのようになっているが、ごく少数の例を除いては事実に反している。[9] 第二に、新教の教育実践を具体的に明らかにせず、公式主義・政治主義と規定することはできない、ということである。

このような誤りを含みながらも、第一期の研究は、ＧＨＱの対日占領政策の転換による反動化に抗する民間教育運動の国民的教育遺産への着目を促し、他方、戦前公教育の知識注入主義と戦後新教育の経験主義との批判にたった教育方法の模索という点で多大な影響を残した。後者は具体的には生活綴方的教育方法のことである。「リアルな目で生活を観察させ、表現させ、できた作品を中心として学校集団（ママ）のなかで『話しあい』をさせ、なんらかの『考え方』をつくらせていく」[10] という「特殊な過程」[11] を教育方法の上に重視するものと規定された生活綴方的教育方法は、全ての教科でその適用が試みられ、ついにはそれが全教科の指導原理であるかのような受けとられ方もした。[12] ここで重要なことは、単に教育実践のうえでそのような傾向があったというにとどまらず、生活綴方研究、北方性教育運動研究にも同じ傾向が生じ、現在まで続いていることである。これは後に述べるが、ともあれこの期の研究では、北方性教育運動が生活綴方運動の質的発展をとげたものであること、従って、その〝抵抗性〟の根拠も〝書く〟という作業を切り離しては考えられないものであることは一般的な見解であった。

第二期（一九六二～一九六九年）

この期は、北方性教育運動研究が集団主義教育との関連ですすめられたところに特徴がある。即ち、〝生活綴方による集団づくり〟を小川太郎が「新しい集団主義」と評価したことに対する、宮坂哲文の批判、及び宮坂理論に対する竹内常一の批判などによってこの期の研究は構成される。

小川太郎は、先に述べた生活綴方的教育方法の各教科への適用のなかの一つである、生活綴方による集団づくりの実践を「新しい集団主義」とよんだ。(13) これに対して宮坂哲文は、生活綴方運動を

前期生活綴方（『綴方生活』と小砂丘忠義、上田庄三郎、峯地光重、野村芳兵衛らに代表される）

後期生活綴方（『北方教育』と佐々木昂、村山俊太郎、鈴木道太、国分一太郎らに代表される）

という二期にわけたうえで、(14) 前期にはその人間像に集団的性格はほとんどみられないのに対し、後期つまり北方性教育運動ではかなりはっきりと集団的人間像がでていると評価して、「生活綴方的方法じたいには集団的もしくは集団教育的要素は固有のものとして積極的に含まれていない」、「北方性教育と生活綴方教育とは、げんみつには概念をことにしている」のであって、生活綴方的方法を「新しい集団主義」とよぶことは疑問であるとした。(15)

宮坂のこのような提起は、「大正末期から昭和初年にかけての生活指導論の主流であった綴方による生活指導理論は、ほかならぬ態度教育論として形成されたものであり、それは当時の日本の教育現場で特殊な歪

曲を受けた教授と訓練との両概念にたいしていわば教育方法概念の第三領域として、もとめられたものであった[16]」という生活綴方理解によっている。つまり、態度教育論ないしは意識づくりとしての生活綴方と、組織的訓練論ないしは組織づくりとしての集団教育とは概念的に異なったものであり、故に、生活綴方と北方性教育は異なったもの、という帰結になるわけである。

竹内常一は宮坂の出発点を、「生活綴方教育を生命主義的に理解していたために、生活綴方教育には集団主義的、ないしは生活訓練的志向が皆無であったという断定を前提にしている」と批判した[17]。宮坂は生活綴方に〝集団教育的〟要素が本質的に含まれるものでないとして北方性教育を生活綴方と区別したのだが、竹内は、生活綴方教師がそもそも生活綴方と生活訓練の両方の要素をもっていたので、「北方教育運動が生活綴方運動であったと同時に生活訓練運動であったことは宮坂のいうようになんら自己矛盾的なことであったわけではない[18]」とし、両者は全く対立する見解をとることとなった。

宮坂は、生活指導を学習とともに教育作用の一つの機能として位置せしめ、その内実を「ものの見かた、考えかた、感じかた、行動のしかた」の指導とした[19]。このとらえ方は、その他の著論で更に深められ[20]、生活綴方における生活指導を、教授や訓練とは区別される態度の形成を預かるものとし、「日本型生活指導」または「第三の教育作用」として定式化されていくのである[21]。

この宮坂の定式は、後に竹内常一によって「学習法的生活指導」として批判され、竹内の主張する「訓練論的生活指導」と対峙された。すなわち、宮坂のいう生活指導は、その学級集団づくりに典型的に示されるように、学習指導に従属し、生活指導の独自性をもたないもので、学級集団づくりも「自治的集団活動の主体としての集団」ではなく学習集団づくりに矮小化されている、というのである[22]。この指摘は、少なくとも生活指導論という側面からのみ見れば正しいものではある。しかし、最も深部で宮坂の抱いた問題意識にメスを突き立てるものではなかった。つまり、宮坂が何故、生活綴方の生活指導に着目し、しかもそれに「第三の教育作用」などという呼称を与えたのか、という問題である。

宮坂によれば、学習指導と生活指導は各々

学習指導＝教科の教材に即し、教科の系統の側から要求され展開される教育作用

生活指導＝生きた子どもの現実の側から要求され展開される教育作用

と定義づけられる。(23) そしてこの二つの教育作用は機能であって、従って学校教育のどの場面においてもたちあらわれるものとなる。(24) このような考え方は、学習指導と生活指導の各々の区分や独自性を不明瞭にし、学習指導においては態度主義につながっていく危険性をもつが、要は、宮坂の定義では教育の指導性（子どもの論理に対する教師の収奪）という側面が明らかにならず、例えば算数の時間に、それまでの考え方とは違う、算数に固有な思考方法を子どもに獲得させるという授業目標が成立しないという批判をうけることになる。(25)

しかし、宮坂が学習指導と生活指導を機能とした積極的な意味を捉えかえすならば、子どもの発達は、子どものそれまでのレベルと教育が要求するレベルとの矛盾の克服を通して実現され、それ故、子どものレベルをふまえ、それと矛盾をおこし、それを克服するような方法で要求を提出しなければならない、という点に求められる。そのうえで、宮坂が「第三の教育作用」を位置づけようとした問題意識を考えてみよう。

宮坂自身は、「第三の教育作用」の位置について、つまり、何が第一、第二の教育作用か、については述べていない。しかし、宮坂の著論を追ってみると、そこには理論化には至っていない、一貫した問題意識が流れていることがわかる。それは例えば次の一文に端的に示されている。

「たとえば、子どものかいた綴方や詩のなかから貧困の問題をとりあげて、それを題材として社会科の

学習をすすめようとするばあいを考えてみよう。それがもしもその作品の作者の個人的主観的な意識や感情からきりはなされて、論議され、貧困の問題の社会科学的把握と合理的解決法の探究として学習が進められるとしたら、たとえみごとな貧困問題の解明が知的批判的に行われたとしても、その作者自体のなやみはすこしも解決されず、作者個人は相変らず救われていないという事態がのこる危険がある。[26]」

つまり、宮坂にとっては、個人の問題を個人の問題そのものとしても扱う必要があると考えられていたのである。科学からのベクトルも、集団からのベクトルも、否定は決してしないが、それだけでは充分でなかった。集団からのベクトルでは、集団とのかかわりでの個人は問題とされるが、その個人がかかえている問題はそれで全てではない。科学からのベクトルの場合も同様である。

この様な発想を学習指導と生活指導に盛りこもうとした宮坂の論は、学習指導（または教科指導）の側からは態度主義として、生活指導の側からは「学習法的生活指導」論として批判された。そこで、学習指導と生活指導という二つの枠組みが各々、科学主義と集団主義（この場合、「訓練論的生活指導」論を意味する）とに占有されている状況にあっては、宮坂の「個人の問題を個人の問題そのものとして」という発想は、学習指導と生活指導という二つの枠組みをはずれた所に、「第三の教育作用」として位置せざるをえなかったのである。

以上みてきた宮坂の問題意識と発想を、これまでの学習指導（または教科指導）や生活指導の分野での理論的実践的成果とかさねあわせ、さらに学習指導、生活指導という枠組みをはずして考えてみたとき、「第三の教育作用」あるいは「日本型生活指導」（国分一太郎[27]）は次のような内実をもつものと考えられる。

学習指導（教科指導）＝人類の科学的文化的遺産の学習と、それに固有な認識または思考方法の形成

生活指導＝集団を媒介とした行動方法の訓練および形成
「日本型生活指導」＝「物の見かた、考えかた、感じかた」の指導。一人ひとりの子どもの固有な思考方法と行動方法の基底にあるものを直接指導の対象とする。

熟さない表現ではあるが、「日本型生活指導」の内実を上記のように規定し、具体的な生活事象に沿った認識、思考方法の形成という点で学習指導と区別され、行動方法を直接問題としないという点で生活指導と区別した。このような立論が適切か否かは、教育の構造論的把握からの検討を必要とすることはいうまでもない。そして教育の構造論的把握は、教育科学論争の再検討を一つの出発点とするであろう。だがこの問題の検討は他日を期したい。

このように、第二期の研究では、〃集団〃または〃集団主義教育〃との関連で、生活綴方と北方性教育運動との論理的対応関係を問題にするという形をとりながら、実は、生活綴方とは何か即ち、生活綴方の概念規定を問うていった。このことは、日本作文の会一九六二度方針が、〃生活綴方に生活指導は本質的に含まれるか〃という問題を否定的な見解で提起したことと併わせて、生活綴方の明確な概念規定を研究課題として要求した。と同時に、北方性教育運動自身も、生活綴方との関連で自らを明確にすべき必要に迫られたわけである。

第三期（一九七〇～一九七九年）

この期を区画するものは、中内敏夫『生活綴方成立史研究』である。この労作は、それまでの研究の個別問題史的段階から、通史的段階への移行をもたらした本格的研究の第一作といえる。

中内の生活綴方規定は、要約すると「生活を母国語の文章で〈書くこと〉による全教育の立場」であり、その特徴は「全教育課程の指導を、〈書くこと〉による特殊の過程を教育課程とその方法上に重視[28]」することである。この規定をもとに中内は、生活綴方を「認識の指導の領域に限定したり、社会教育の分野に臨むときには他の方法原理によるべしとする鈴木（道太—筆者註）、佐々木（昂—筆者註）らの立場はむしろ不徹底」であり、従って、彼らは綴方教師ではないとした。生活綴方は、〈書くこと〉による全教育の立場であるから、文章表現指導を通さない教育の場を設定すれば、それは生活綴方からの逸脱であり、従って、一九三五—年から一九三八年にかけての東北には綴方教師は存在せず、故に、北方性教育運動は生活綴方運動ではない、という論理的帰結を中内規定は導いたのだった[29]。

　この中内規定は、研究の系譜からいえば先に紹介した国分の規定—「リアルな目で生活を観察させ、表現させ、できた作品を中心として学校集団のなかで『話しあい』をさせ、なんらかの『考え方』をつくらせていく」という「特殊な過程」を教育方法の上に重視する、という—をさらに発展させたものといえる。かつて生活綴方的教育方法が提唱された時、その適用は教科に限らず、親と教師と子どもを結びつける分野や、生活記録という形をとりながら社会教育にまで広げられた。むろん、適用範囲の拡張は、戦前からのそうした実践の裏づけをもとにしており、生活綴方が各分野でそれなりの成果をあげられる「変幻自在」な存在であることを示しているともいえる。しかし、その場合でもこうした拡張が生活綴方の本質的な機能なのか、あるいは副次的な機能なのかという問題、言いかえれば、学校教育の全分野も社会教育も〈書くこと〉によって貫ぬくのか、または、生活綴方によって捉えた事実（子どもや地域の生活の）や教育方法上の原則を〈書くこと〉を用いないで理論化できるのか、という問題の厳密な検討が必要であろう。

　以上のように戦後の研究史を整理したうえで導きだされる北方性教育運動研究の課題は次の三点である。第一に、研究史の一潮流をなす「抵抗の教育運動」という評価を、「教育運動的抵抗[30]」の内実という点から再検討する。〝抵抗性〟という場合、綱領・宣言・著論等にあらわれた主観的意図と同時に、教育実践のもっていた客観的な〝抵抗性〟も問題とされねばならない。

第二に、北方性教育運動に於ける教育実践構造（論）及び、そこに占める生活綴方の位置の検討。

第三に、教育目標としてあげられ従来から着目されてきた〈生活意欲〉〈生活知性〉〈協働性〉に関する実践例の発掘と、実践の事実に基づく検討である。

いずれをとってみても、教育実践の具体的な事実に基づく検討を要する課題ばかりである。その意味からすれば、研究史の第三期から第四期への移行は、通史的段階から教育実践史的段階への移行という形で行なわれるといえるかもしれない。

教育実践史的研究方法の特質と可能性

前項で提起した研究課題を解くにあたって筆者が採用を企図しているのが、教育実践史的研究方法である。もちろん、教育実践史は教育の歴史的研究たる教育史に包括される分野であり、その意味では教育史研究の方法論を基礎としていることはいうまでもない。しかし、敢えて教育実践史研究なる未開の分野に課題解明の糸口を見い出そうとするのは、以下の理由によっている。

第一に、第一次資料のうち、公刊されたものについては、当局の検閲、発行禁止や弾圧を回避するためにいわゆる「奴隷のことば」が使用されていることが多く、思想や理論の社会的歴史的あるいは個人的制約と、表現形式上の制約とが判別しにくく、いきおい読み手の「思いこみ」が介入しやすい。

第二に、北方性教育運動のような教育実践研究運動の評価をなす時には、運動主体の主観やその表現である著論に全面的に依拠するのは、前記第一の点から危険である。また、運動主体が師範教育に従順だったわけでも、確固たる理論体系を当初からもっていたわけでもなく、自分たちの教育実践の、集団を媒介とした総括によって一つずつ理論構築をしていったわけで、一般の教育理論より教育実践との緊張関係が強い。従って、運動の客観的評価をなそうとすれば、結果として提起された理論だけでなく、その理論の源泉である実際になされたところの教育実践の検討が必要となる。(31)

第三に、運動主体が第一の理由から意図的に言及しなかったこと以外で、当時の理論状況では彼らが叙述に際して視野に入らなかった実践内容、あるいは必ずしも重視されていなかったことに今日では教育的価値を付与できたり、再評価できることもありうる。(32)

第四に、表現手段（雑誌、新聞などの）を所有していなかったり、所有していても経済的基盤がぜい弱で廃刊された場合、提起した課題を実現する実践や、新たに生じた理論が公にされないまま埋もれてしまっている。

以下、この四点について具体例で述べてみよう。

既に指摘したように、北方性教育運動に関する第一期の研究の着眼点は、〝抵抗性〟というところにあった。そしてその根拠は、

(1)植民地的収奪状態にあった東北の「生活台（＝北方性）」に立脚し

(2)目前の子どもたちへのとりくみや地域文化の創造によって、中央集権的、官僚的な教育を改革しようとした

という点であった。そしてその際、北方性教育運動の綱領ともいうべき北日本国語教育連盟結成宣言が重要な参考資料なったのは周知のとおりである。

しかし、〝抵抗性〟の一般的な根拠はこれでよいとしても、日常の教育実践としては具体的にどうだったのかという、教育運動的〝抵抗性〟の内実は必ずしも明確ではなかった。従って、前記連盟結成宣言中の「我等は濁流に押し流されてゆく裸な子供の前に立つて、今こそ何等為すところなきリベラリズムを揚棄し、『花園を荒す』野生的な彼等の意欲に立脚し、積極的に目的的に生活統制を速かに為し遂げねばならぬ(33)」という部分に関して次のような批判的見解が提出されても、教育実践上の事実に基づいた反証ができないのである。

「が、当時にあって、リベラリズムを激しく攻撃していたのは、ファッショ勢力だった。北方の教員が唱えた『生活統制』は、独占資本が着々と進めていた全体主義統制につらなるものではなかったのか。（中略）子供を封建的生活台から解放しようとした北方性教育運動は、結局は独占資本主義体制への解放に努力していた、ということになるのであろうか(34)。」

確かに、「生活統制」や「何等為すところなきリベラリズム」という自由主義批判は、軍部、ファッショ勢力が盛んに用いた言葉である。しかし、この結成宣言を当時の社会状況と、文章表現の面から短絡して評価するのは、先にあげた理由（特に第一、第二の点とかかわって）から危険である。より重要なことは、ある形式をとって表現された文書（この場合は結成宣言）の示す内容が、どのような教育実践上の蓄積（その質と広がり）をふまえて提示され、さらにどのような教育実践を発展させようとしていたのかという、まさに教育実践上の事実であり、これを抜かしたいかなる評価も外在的なものにとどまらざるをえないであろう。

さて、ここで新たに二つの問題が生起してくる。一つは、筆者が内在的評価の基本点としてあげた教育実践上の事実をどう捉まえるかということである（しかも、その事実の多くは弾圧による資料の消失とともに、文書としては残存していない）。二つには、そのような困難のもとにある教育実践上の事実から課題（この場合は〝抵抗性〟の内実）を解明する可能性があるのか、という点である。以下、秋田の北方教育社同人加藤周四郎の修身科の実践を例にとって私見を述べてみよう。

加藤周四郎は一九一〇年秋田市に生まれ、一九二九年より三二年までの三年間を秋田県河辺郡（現在秋田市）上北手小学校に勤務し、同一学級を尋常五年から高等一年まで担任している。つまり、高等二年まで進級した児童は、高等一年を加藤周四郎に、同二年を他の教師に担任してもらったことになる。

いまここで、高等一、二年の学籍簿（上北手小学校保管）の修身の成績をみてみると、このような興味深い結果となる。高一、二年ともに修了した二〇名の修身の総得点は、高一が一七八点、高二が一六一点で、マイナス一七点（－九・六％）。増点は二名で減点が九名で、それぞれの出身階層をみると、この表のように、点の増減が家庭の貧富の度合いに対応している。(35)

群	修身の点差（高二－高一）	人数	出身階層
甲群	増一点	二名	地主（村長、助役）
乙群	減一点	二名	自作農兼小作、小作、中農
丙群	減二点	四名	小作
丁群	減三点	三名	零細兼業農

当時の成績は絶対評価であるから、加藤と次の担任教師のそれぞれの指導目標から評点が決まる。従って、

両者の修身科のねらいの違いが点に表われており、いま高二の担任がごく普通の教師（修身科の教科書を使用して文部省の指示する指導を行なっていたという意味で）とするならば加藤の修身の実践は、内容的に当時の支配的な修身とはそぐわない力を子どもたちに培っていたことになる。

実は、加藤の修身の時間は生活発表会という形式をとったものだった。この形式自体は大正自由教育のなかでも既に実践されていたものだが、それは修身の教科書にある徳目を子どもの生活や興味、関心に即して扱うという位置付けでなされた。[36] 従って修身の徳目を批判的に教えたり、あるいはそれと異なる力を子どもたちに育てる実践ではなかった。それに対して加藤の場合は、生活発表の内容を子どもたち―なかでも経済的に恵まれない子ども―の生活問題とその解決方法の討議にあてていた。そのような実践のなかで、前掲の修身成績点表にみられる内容が子どもたちのなかに培われていったのである。[37]

以上の例でわかるように、ここで用いた文書資料は学籍簿のみであり、他は全て加藤とその教え子の聞きとり（つまり記憶）に基づいて叙述した。従来の教育史研究では、聞きとりや記憶といったものは、文書として残っている第一次資料の考察に際しての補完的位置を与えられていたに過ぎない。筆者は記憶の不正確さを否定するものではない。それどころか、多くの聞きとり作業のなかで絶えずこの点を痛感してきた。だが本項の冒頭で述べたように、北方性教育運動の教育実践を具体的に示したであろう資料（指導案、文集、日記等の）の多くは弾圧によって持ち去られ今なお多くは発掘されておらず、今後も多くのものは期待できない。[38]

そうした困難な条件のもとにあっても、日本の民間教育運動の優れた遺産を発掘し、継承する〝水路〟を拓こうとする一つの試みが教育実践史研究であり、その方法的特質は、従来の教育史研究ではあまり重視されてこなかった聞きとりや、学籍簿、文集の検討といったことが重要な意味をもってくるのではないか、というのが筆者の予見である。また、教育実践史研究の主たる対象は、様様な規制や拘束を時の支配的権力によって受けながらも、子どもの発達を核とした民衆の教育要求に応える教育実践主体となっていく自己変革過程（特に集団を媒介とした教育実践の総括過程に於ける）、及び、今日教育理論・教育実践として継承されているものの先駆、未だされていないものの評価といったものとなろう。つまり、教育の歴史的・社会的被規定性を承認したうえでの、教育の創造的、能動的、自立的側面を教育実践を対象としながら明らかにするということが、教育実践史研究の性格であり、目的ではないかと思うのである。

（付記）

一　本稿は、教育実践史研究会への二つの報告「北方性教育運動について」（一九七七年一一月）及び「教育実践史研究の方法論について」（一九七八年九月）を加筆修正したものである。

二　本稿の執筆にあたって、加藤周四郎氏、上北手小学校の山田、久木の両氏、花岡泰雲氏、加藤周四郎氏の教え子である菊地勇太郎、魚住かね氏他の諸氏の御協力を得た。ここに記して感謝の意を表したい。

注

（1）柿沼肇「『教育運動』の概念と研究視点の検討」『教育運動研究』あゆみ出版、一九七六年七月創刊号、七頁。

（2）「教育実践史」が、研究の対象のみを表す概念か、あるいは、対象とともに研究の方法、分析の視角をも貫く概念であるのかを厳密に検討したうえで提起することが現在のところできない。しかし、おそらくは後者であろうという仮説のもとに本稿を執筆した次第である。

（3）駒林邦男「抵抗の教育運動」海後・広岡編『近代教育史　Ⅲ』誠文堂新光社、一九五六年五月、三〇一頁。

（4）国分一太郎「北方性教育運動」日本作文の会編『生活綴方事典』一九五八年九月、五六〇頁。

（5）駒林、前掲書、三〇二～三〇三頁、傍点原文。

（6）この他にも次の著論が同様の見解をとっている。
鈴木貞雄「北方性教育運動」菅・海老原編『日本教育運動史3』三一書房、一九六〇年一二月。

大橋精夫「わが国における集団主義教育思想の展開」小川編『講座集団主義教育』第一巻、明治図書、一九六七年二月。
（7）鈴木貞雄、前掲書、六二〜六三頁。なお、駒林・前掲書三〇二頁、国分一太郎『生活綴方ノート』（新評論、一九五七年八月）三九五頁にも同様な見解が示されている。
（8）井野川潔「『新教』と〝生活綴方〟との交点と切点」『教育運動史研究』一七号、一九七五年九月、七一頁、傍点原文。この部分は直接的には国分『生活綴方ノート』に対する批判として述べられているが、注（7）にあげた他の著論あるいはそのような研究動向への批判として解すことができる。
（9）現在判明しているのは、以下の例のみである。
・村山俊太郎（山形）―教労山形支部結成に参加
・国分一太郎（山形）―同上支部会に一回参加
（10）国分『生活綴方ノート』前出、三七四頁。
（11）同前、三七五頁、傍点原文。
（12）各教科への適用は、大田・寒川編『生活綴方的教育方法の発展』（明治図書、一九五七年四月）参照。
（13）小川「生活綴方と教育」小川・国分編『生活綴方的教育方法』一九五五年一〇月、五八頁。杉山明男「生活綴方と集団主義教育」小川編『講座集団主義教育3』（明治図書、一九六七年二月）は、宮坂の批判をふまえたうえで小川と同様の見解をとっている。
（14）宮坂『生活指導の基礎理論』明治図書、一九六二年七月、九六頁。
（15）同前、一〇五頁。
（16）同前、七七頁、傍点筆者。
（17）竹内『生活指導の理論』明治図書、一九六九年一一月、一三五頁。
（18）同前、二七五頁。
（19）宮坂哲文『ホームルームの指導原理』（『ホームルームの指導計画』一九五八年四月国土社）『宮坂哲文著作集　第一巻』

一九七五年一〇月再版刊、一七一頁。
(20)例えば『生活指導と道徳教育』(一九五九年一〇月)、『生活指導の基礎理論』(一九六二年七月)など。
(21)宮坂『生活指導の基礎理論』参照。
(22)竹内『生活指導の理論』明治図書、一九六九年一一月参照。
(23)宮坂『生活指導の基礎理論』前出、一五九頁。
(24)同前、一六一頁。
(25)宮坂の機能論に対し、小川太郎ら名大教科研は領域論をもって批判、両者の間で論争がなされた。
(26)宮坂「生活指導の本質」『講座　学校教育Ⅱ』明治図書、一九五六年五月、一八頁。
(27)国分一太郎「生活指導における『生活』の概念」『生活指導』一九六一年二月号、一一一頁。
(28)同前、二七五頁。
(29)中内によると、北方性教育運動内の綴方教師の存在は「昭和一〇年前後の第二次宣言に忠実であったころまで」(同前七六六頁)の村山俊太郎と国分一太郎の系譜だけであり、北方性教育運動の成立、発展期には綴方教師は存在していなかったことになる。
(30)岡本洋三『教育労働運動史論』(新樹出版、一九七三年二月)第四章参照。
(31)誤解のないよう断わっておくが、理論と実践を共に検討することは必要だが、それだけで運動の客観的評価はできないのは当然である。いま、それについて全面的な論述をなすことはできないが、支配的な教育と非支配的な教育(小川太郎)というシェーマをたてれば、次のようなことがいえる。「運動の評価は、その各各が、全一的構造をもった批判の対象のどの部分に主要な批判を向けており、他の運動の課題との共通点を総体としての批判の対象との関連で認識しうるかどうか、という点で行なう」ことが重要である(筆者稿「生活綴方運動史研究序説」名古屋大学紀要第二三巻、一九七六年、一九九頁参照)。
(32)例えば、加藤周四郎の秋田市高等小学校に於ける班構成は、親の職業別(農業、商業、工業といった)でなされ、生活問題をその班で討論させ、各班の意見をぶつからせるといった実践をしている。これは加藤の証言以外、文書としては残っていないが北方教育同人の「農民の子は農民の子らしく北方の子は北方の子らしく」という合言葉が具体化されたものといえる。このような班構成を、最近の集団づくり論の成果とつき合わせてみることも必要であろうと思われる。

(33)『教育北日本』一九三五年一月創刊号、一頁。なお、表題は「北日本国語教育連盟—設計図—」。

(34) 石戸谷哲夫『日本教員史研究』一九六七年一月、四八〇頁。

(35) この階層分けは、筆者宛ての加藤の書簡(一九七八年九月二二日付)での証言による。この書簡によると、高二の担任は「平均的な教師で、反動でも、進歩的でもない、クセのないいい先生」ということである。従って、修身科はごく普通の指導をしていたことが推測される。

(36) 手塚岸衛『自由教育真義』宣文堂復刻版、一九二二年三月、一九七四年一一月、一七九頁。

(37) この事例については、加藤周四郎『わが北方教育の道』(一九七九年七月無明舎)の「Ⅱ貧困と窮乏の村」に詳しく記されている。

(38) 北方教育同人花岡泰雲の証言によれば、押収物を戦後引き取りに行ったところ、全て焼却したというので返却されなかったという。焼却を実際したかどうかは不明だが、いずれにしても貴重な資料が紛失した事実には変わりがない。

初出　三重大学教育学部研究紀要、第三〇巻第四部、一九七九年二月。

二　生活綴方における生活指導の概念について

―北方教育社・佐々木昂を通して

はじめに

『教育』誌一九八三年一月号で「生活指導の課題」を論じた竹内常一は、一九六〇年代の生活指導概念再編成の過程において集団づくりが生活綴方を批判した点を次のようにまとめている。

「つまり、自己の理解にのみ収れんしていくような生活認識の指導が、いわゆる生活綴方リアリズムといえるのかと問い、その問いを生活綴方にあずけたといえます。」

こうした批判を前提として、「生活綴方にあっては、外部の生活環境にたいする変革的実践をつうじて、子どもの内部を変革していくこと、集団の発展をつうじて、子どもの発達を図ること」が原則とされていったが、「集団づくりによって子どもの人格の民主的形成にとりくみはじめましたが、その教育作用が子ども個人の内面形成にどのように働くのかという問題」、「いいかえれば、行為・行動の指導が子ども個人の内面

とどうかかわりあうのかという問題」が今日なお未解決であると竹内は指摘している。(1)

竹内のこの指摘を生活綴方の側からとらえなおしてみると、子どもの内面の問題を重視してきた生活綴方が、集団づくりの行為・行動の指導に対置される「行動のしかた」の指導と、個人の内面形成との関連をどう整理するのかという問題として受けとめることができよう。

ところで、戦後生活綴方（研究）史のなかで「行動のしかた」はどのように理解され、どのような位置を与えられてきたのだろうか。周知のように、生活綴方における「行動のしかた」がとりたてて問題となったのは、日本作文の会一九六二年度活動方針が提起される前後であり、全国生活指導研究協議会（全生研）の集団づくりにおける行為・行動の指導とのかかわりにおいてであった。

当時、全生研の一員として生活綴方と集団主義教育との区別と関連を模索していた宮坂哲文は、『生活指導』誌一九六一年九月号で、それまでの自己の生活指導の概念規定に対して注目すべき反省をなしている。宮坂の生活指導概念の規定はいくつかの変遷をとげているが、反省の対象となった規定は次のものである。

「教師が子どもたちと親密な人間関係を結び、一人一人の子どもが現実に日々の生活のなかでいとなんでいるものの見かた、考えかた、感じかた、ならびにそれらに支えられた行動のしかたを理解し、そのような理解を、子どもたち自身ならびにかれら相互間のものにすることによって、豊かな人間理解に基づく集団をきずきあげ、その活動への積極的参加のなかで、一人一人の生き方をより価値の高いものに引上げていく教育的なはたらき(2)」

この規定について宮坂は、「もとよりそこに集団化の要因はみこまれていたにしても、そこでの集団化は

『ひとりのよろこびをみんなのよろこびに』という生活綴方的な集団化の理念に由来するそれであり、またそこで集団による個の成長がいわれたにしても、それは生活綴方的集団づくりの過程に付随的ないし結果的にあらわれるものであるかにうけとられやすい欠点をもっていた」としている。(3) また後の論文では、「あたかも生活指導が一人一人のものの見かた、考えかた、感じかたを指導する『生活綴方的生活指導』と寸分ちがわないものであるかの印象をあたえたむきがあった」とも述べている。(4)

ここで注目されるのは、宮坂が直接的に反省点を述べている集団化の問題ではなく、「行動のしかた」と生活綴方における生活指導との関連である。宮坂の生活指導概念の規定を追ってみると、「ものの見かた、考えかた、感じかた」と「行動のしかた」との関係は、前者が後者を支えるという叙述と、(5) 両者を並列的に扱う叙述とが混在している。(6) 宮坂の場合、この混乱は直接的には内省の対象となることはなく、問題はあくまでも集団づくり（あるいは集団主義教育）の契機を自らの規定にどう位置づけるかという点に中心がおかれている。しかし、宮坂のこのような展開はなにも宮坂ひとりのものであったわけではなく、一九六二年前後の生活綴方の生活指導をめぐる議論のありかたのひとつの典型にすぎなかったのである。

我々が戦後生活綴方研究史をかいまみる時、各時期の研究が、その時々の教育（学）研究の課題意識にたって素材を分析していることがわかる。(7) 一九六二年前後のそれは、一方では生活指導論における集団の組織化の問題、他方では教科指導論における認識発達の順次性の問題に傾斜がかかり、生活綴方をめぐる議論は、〈「行動の指導」─「認識の指導」〉〈生活と表現─認識と表現〉という軸のもとになされていった。

佐々木昂《ささきこう》（本名太一郎、一九〇六─一九四四年）のリアリズム論、北方性教育論は、戦後早い時期から注目をされてはいたが、上述のような状況のもとでその主張は認識の面から整理され、また、生活指導、生活教育の主張は学校教育の独自性という点から疑問視又は否定される対象として扱われてきた。本小論は、従来た」の関連を検討する視点を析出することを課題とする。研究軸の提起を試みるとともに、今日の生活指導論の検討課題の一つである個人の内面形成と「行動のしかの研究軸によってその真髄を裁断されてきた佐々木昂の教育論を彼の生活指導論を中心に再検討し、新たな

佐々木昂における生活指導概念

佐々木が彼の綴方論において一貫して強調したのは、「個のリアリテイ」と彼が呼んだところの、個人の内面の一体性とその個性的性格であった。しかも、「個のリアリテイ」は単に綴方論のみならず、教育全体を構想する際の、したがってまた戦前の公教育のありかたを批判する際の中核的概念でもあった。

佐々木は公教育の虚偽性が「撰拓された極く少数の個及び群以外の総てはその生活慾求と却つて逆転であり、その標識と矛盾」し、「甚だしきは応々にして否定でさへあつた」点にあると批判する。(8)

それは例えば、「『三銭プラス四銭』—赤銅貨七つ—」つまり七銭を、「『ミルクパン一つ』と『二銭の貯蓄』と補足すべきだと彼(教育者—引用者註)以外の感覚、感性に対して強制」するようなものである。(9) 何人にとっても七銭であることを否定できないこの赤銅貨七つを、各個人がどうとらえるのかという感覚形態は各人の生活に依存している。

佐々木は生活を次のように規定していた。

「個的な生活は決して概念ではない。遺伝を加へた意味に於て個の全経験、感覚の窓を意識、無意識の間に通過したところのものに依存する、歴史的にしてしかも社会的に過程されてゐるところのドット

だ。

この意味の生活は次に感覚の窓を、窓の方向が生活を相関的に規定し合ふ。」[10]

公権力は、生活を規定する「感覚の窓」の方向性を規制することを教育の主眼としており、それ故に「選択された極く少数の個及び群」以外の子どもにとっては、彼らの生活慾求と逆転し、矛盾し、否定であったりせざるをえないのである。それは小砂丘忠義が「教育の煙幕的効果」と批判した教育のありかたにほかならなかった。[11]が、小砂丘を主幹とする『綴方生活』誌が「第二次宣言」（一九三二年一〇月）において、生活を「社会の生きた問題、子供達の日々の生活事実」と規定し、「それをじつと観察して、生活に生きて働く原則を吾も摑み、子供達にも摑ませる」[12]というように生活を認識の対象としてすえたのに比し、佐々木はそのような方向をとらなかった。つまり、佐々木は生活を「客観的事実」として規定したり、認識の対象として規定することを彼の綴方論、教育論の少なくとも第一義的課題としては考えていなかったのである。

佐々木は個的な生活を「歴史的にして社会的に過程されてゐるところのドット」ととらえていたが、このドットから表現されてくる綴方作品をみる教師の眼は、社会軸、歴史軸に沿って限定なくその視野を拡張しつつ、絶えず「個のリアリテイ」の把握に結びつけられていた。この視野の拡がりと、「個のリアリテイ」への結びつけかたが、作品の読みの深さを規定するわけだが、そこには二つの問題点がよこたわっていた。

一つは、改めて述べるまでもなく社会科学的認識を教師が持つことが極度に警戒されていた状況にあっては、このことは天皇制絶対主義教育の尖兵たることを期待されている自己の存在を否定するに等しいという点である。そして二つには、それに加えて「或る特定の子の個性が世界のどの書にも印刷されていないといふ今更らしい個性の発見」[13]をし続けなければならないという点である。「環境の調査を綿密にやつたり、個性教育といふことを真似たり、子供をグルグルに取巻いて調べ上げて、帳簿を作る教育が一世を風靡[14]」している状況のもとでは、子ども把握の指針として有効なものは皆無といってよかった。

この二つの面での困難を絶えず教師が突きやぶって成長しつづけることこそが、彼の生活観からの帰結である。

では、少なくとも第一義的には認識の対象にすえられない生活という語は佐々木にとって何であったのだろうか。もし、彼の主張を認識論的に理解しようとすれば、例えば志摩陽伍の「きわめて微妙ながら、彼のリアリズム論は、認識論上の決定論から不可知論へ迷いこむめをうちにひそめていたのではないか[15]」という指摘も検討の余地があるかもしれない[16]。

ところが佐々木の著論を詳細に検討してみると、彼が基本的な分析軸として設定していたのは〈存在と意識〉の問題であったことがわかる。例えば、佐々木は一貫して公式主義を批判しているが、それは従来の証言や先行研究が指摘した新興教育運動に対するものではなく、彼のプロレタリア文学運動とのかかわりを直接的な契機として培われた見解であった[17]。すなわち、教育における認識の観念的注入の問題ではなく、文学における作者の階級的主張と文学的形象との関連の問題こそが彼の公式主義批判の起点であった（もちろん、それは教育論としても外延されていくが）。だから佐々木は、系統的な指導、認識発達の順次性をふまえた指導という発想にではなく、「一つのイズムにつらぬかれてゐること、同時に感覚的に真実であること[18]」、「肉体化した思想[19]」というように存在と意識のありかたとの関連を問う発想に進んだのである。佐藤サキの綴方「職業」の検討を経て、北方教育社同人は「表現の錬成といふことがとりもなほさず生活鍛錬であり、生活の鍛錬、生活の前進によってのみ表現の錬成が可能である」ことを体得した[20]。その結果、綴方科をはみ出し、学校教育の枠をもはみ出して生活や地域の変革の実践を自らの仕事にとりこむのだが、それは佐々木にとっては意識のありかたを規定している存在自体の変革という仕事にほかならなかった。別の言葉でいえば、綴方作品を焦点に社会軸、歴史軸に沿って限定なくその視野を拡張する教師の眼を、単に教師の認識の問題にとどめるのではなく、実践の問題として一歩すすめることである。教授のための手段や郷土愛形成のための教材ではなく、現実にそこで人間形成がなされるが故に、根ざすべき、また変革すべき環境としての生活、地域—それはまぎれもなく戦後民間教育運動が追求した生活教育、地域に根ざす教育の原型であった。

しかし佐々木は、子どもの生き方を規定している全教育力（社会の人格形成力を含めた）を彼が教育的というにふさわしいものとして再編成するには随分距離があるとの自覚に立っていた。彼はその著作において生活教育なる語を一九三五年一〇月の「教育に於ける『北方性』の問題」で初めて用いるが、それは生活指導が限定なく拡張する指導内容、領域を、教育として再編成する器《うつわ》（形態）を意味していた。生き方の指導としての生活指導の契機となるような、また、そのように再編成された教育—それが生活教育である。したがって、生活教育は郷土教育や労作教育と同様な部分的なものとされたり、それらと対立するものとされるべきではなく、支配的な非生活教育と対立するものである。(21)そこには当然、教科を含んだ学校教育の領域も、青年団指導、部落更正指導、勤労教育等の学校教育外の領域（教師にとってはいわゆる「本職」以外の仕事であるが、かかわっている）も含まれていた。だが、生活教育はあくまで全面的な生活指導をなす一つの契機として考えられていた。

先行諸研究においては、一九三五年頃から問題となる生活指導、生活教育、綴方の三者の関連を、〈目標—方法〉という軸のみで分析をしてきたために、例えば「綴方教育を中心」とするという『綴方生活』誌「第二次宣言」は「生活を母国語の文章で〈書くこと〉による全教育の立場であり、全教育の立場である以上、これを認識の指導の領域に限定したり、社会教育の分野に望むときには他の方法原理によるべしとする鈴木

〈道太―引用者註〉、佐々木らの立場はむしろ不徹底である[22]」という見解、あるいは上図のような見解[23]にみられるように、佐々木における生活指導、生活教育、綴方の三者の関連を一元的に把握できなかったのである。

佐々木において生活指導とは、人格形成の内容を規定する概念であり、生活教育はそのように組織された形態を規定する概念であった。そして綴方は「超階級的な、無場所的な教育的思考[24]」に慣らされてきた教師の眼を子どもの生活現実に向け、そこで獲得されるリアルな認識に立って教育全体のあり方を検討する足場と

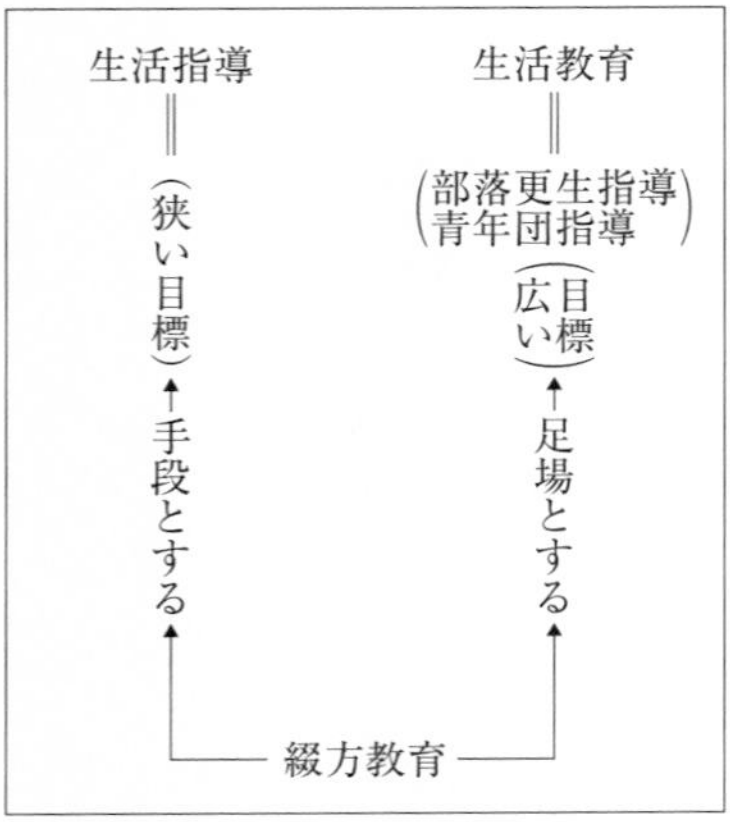

なるものであった。このようにとらえたうえで、佐々木の綴方論の具体的な指導の問題を次項で考察してみよう。

生活綴方における「態度」の問題

佐々木によれば、生活綴方は「表現作用に拠つて各個の生活の再認識と再構成が常に思考されてゐなければいけない」ものであった[25]。彼は綴方の指導過程を〈生活・態度・表現〉という三つの層から構想しているが、とりわけ態度は重要な位置をしめるものであった。

「態度は意識性である。意識が生活を再認識し再構成して行く立場を有つてゐるのでこの点の指導は重

要である[26]。」

ところで、戦後生活綴方研究において「生活と表現」、「認識と表現」という二つの分析軸を仮説的に提起した横須賀薫は、佐々木のいう態度について次のように述べている。

「生活と表現とのそのような緊張した関係のなかで、じつは認識の指導というものがおこなわれるはずである―態度と佐々木はいっていますが、これは認識の指導というふうに考えてよいと思います―、したがって、そのときつねに各個の子どものリアリティーというものがつらぬきとおせる、という関係で彼はつかまえていたようです[27]。」

また、藤田昌士は佐々木のリアリズム論にふれて次のように述べている。

「ここでは、客観的意識を内に含んだ主体的認識の形成が課題視されているといえよう。個人の生活実感、生活の事実をふまえて、あくまでも主体的であり、具体的でありながら、同時に客観的であり、普遍的であるような認識が[28]。」

ここに引用したもとの論文は各々重要な問題を提起したものではあるが、両者とも佐々木のいう態度を（延いては佐々木の生活綴方論の本質を）認識の指導として整理している点については首肯しがたいといわざるをえない。佐々木のいう態度とは「意識性」であり、それこそが「生活を再認識し再構成して行く立場」

をもつものであり、したがって指導上重要な位置をしめざるをえないのである。[29]「意識は受動的な反映たるのみか態度でもあり、認識であるのみか、評価、主張あるいは否定、志向あるいは拒否でもある」[30]といわれるが、佐々木が第一義的に問題としたのはまさに態度＝意識性であり、認識そのものよりも、認識をも含めた個人の外界との交渉のありかたの全体性であった。したがって、佐々木のリアリズム綴方論では、感覚や感情の問題が常に重視されるわけである。

このように佐々木は態度を重視したが、それは個人の内面（＝「無」）が意識によって存在を捉える、その捉えかたとしてあらわれているからであった。佐々木のいう個人の内面は、必ずしも表現されたものによって捉えきれる世界ではない。「悲しかな人間には表現形式を通過することなしには内容を理解されない」[31]といい、「表現意識は、必然に方向に伴ふ選択作用が、彼の意識内容にはたらく。したがつてひとつの作品（殊に文芸批評的な評論の形式では）が表現されるまでには作者の深い意識の奥底に切捨てられた数口の内容物を残滓として残してゐる」[32]というように、佐々木の内面観は表現されたもの、更にはその個人が意識化しているものより広い世界を求めているところに特徴がある。それは、「明かに存在は意識を決定しはするが、一つの存在が極めて対蹠的な意識までの層を畳んでゐる」[33]という事実への着目と相伴って佐々木を「意識以前の意識」の探索へと向かわせるのだが、当の個人ですら直接的な内省の対象となっていない内面（＝「無」）をつかみ、指導することは可能であるのか。実はここに志摩陽伍の指摘する不可知論の危険性が存在するわけなのだが、佐々木の場合、綴方論、教育論の前提として次のようなことが考えられている。すなわち、綴方は態度を直接的には指導の俎上にのせるが、それは「意識以前の意識」を含めた内面（＝「無」）の形成の一つの契機にすぎないということである。同様に、生活教育はあくまでも全面的な生活指導の一つの契機なのである。論文「感覚形態」で七銭の銅貨を用いて象徴的に述べられた、個人の内面形成の自由と教育の任務との関連は、自らの指導を一つの契機として限定することによって整理されるわけだが、北方教育社同人から「極端な自由主義者」と評されていた佐々木の教育観のあらわれともいえよう(34)。

ところで、藤田昌士は「行動の指導」としての生活指導と「認識の指導」としての生活指導との相違にふれ、後者について次のようにいう。

「生活綴方による生活指導において、そこでの『認識の指導』は、子どもの生活現実の全面に拡げられている。家庭生活であれ、地域での生活であれ、およそ子どもの生活があるところ、子どもの生活表現を介して、生活綴方による『認識の指導』は、そのすべてをとりこむのである(35)。」

この「認識の指導」という整理の仕方には問題があるのは既に述べたとおりだが、生活綴方における生活指導の特徴を端的に表現している。しかし、この「すべて」といういいかたには注釈が必要である。つまり、この「すべて」の範囲は生活の歴史軸、社会軸に沿って拡張される教師の視野によって規定されるのである。拡張された教師の視野には、子どもがかかえる問題の根の深さと広がりが映ってくるのであり、そこには学級、学校での指導あるいは教育の課題を越えるものが、子どものいわゆる「発達段階」をも飛びこえて子どもにふりかかる現実が映ることもあるのである。いや、佐々木ら北方教育社同人たちにはその方が多かったともいえるだろう。つまり、佐々木の場合、生活綴方における生活指導という名のもとに自らとりこんだ、あるいはとりこまざるをえなかった世界は、子どもがその発達段階で受けとめきれない、だがぶつからざるをえない問題を見ぬく教師の眼と、子どもとともに悩み解決の道を求める教師の実践（単に教育実践だけでなく、社会的実践も含めた）をこそ問題とする世界であった。その意味で、宮坂哲文の次のことばは含蓄の深いものである。

「子どもの主体的現実にふれることは、大なり小なり、かれらの人間的真実にふれることであり、その人間的真実は、教師のがわのそれを受けいれる用意の深さとそれにたいする要求の強さとに比例して表現の深浅を示すものであるがゆえに、生活指導における教師自身の人間的自己改造は、生活指導実践におけるたんなる副産物ではなく、その本質的過程をなしている。[36]」

したがって、佐々木の場合、作品をとおして子どもをとらえる層においては当然行動の問題は含まれていた。「主体が彼をとりまくもろもろの存在、環境に対して如何様な交渉の仕方に於てあるかあつたか、そしてそれが表現にどう保たれてゐる—かである[37]」ということばに示されるように、行動を含めた交渉のしかたの全体が態度というもので問題とされたわけである。しかし、作品に即しながら子どもを全教育合力して指導する層においては、直接的な行為・行動の指導は子どもに対して必ずしも企図されていなかった。誤解のないよう断わっておくが、このことは佐々木が行為・行動の指導を一切なさなかったというのではない[38]。はなくて先に述べたように彼が生活指導にとりこんだ世界が生活、地域の直接的変革へと進まざるをえないものであったが故に、指導の問題というよりは教師自身の生きかたの問題とならざるをえなかったのである。

注

(1) 竹内常一「生活指導の課題」『教育』一九八三年一月号。

(2) 宮坂哲文『生活指導と道徳教育』(一九五九年一〇月)『宮坂哲文著作集Ⅰ』明治図書、一九六八年六月、二〇四頁。

（3）宮坂哲文『生活指導の基礎理論』誠信書房、一九六二年七月、一六五～一六六頁。
（4）宮坂哲文「生活指導概念の再編成」（一九六三年一月）『宮坂哲文著作集Ⅱ』明治図書、一九六八年六月、三一〇～三一一頁。
（5）例えば、宮坂哲文「学級づくりと生活指導」春田・寒川共編『生活指導問題講座　第一巻』明治図書、一九五八年六月。
（6）例えば、宮坂哲文「生活指導の本質」小川他編『講座学校教育』第十一巻、明治図書、一九五六年五月。
（7）筆者稿「北方性教育運動研究に関する一試論―研究の課題と教育実践史的研究方法の可能性について―」三重大学教育学部研究紀要第三〇巻第四部、一九七九年二月参照。
（8）佐々木昂「感覚形態」（一九三〇年五月）佐藤広和・伊藤隆司編『佐々木昂著作集』無明舎、一九八二年六月、一一頁（以下、佐々木の著論の引用は全て同著作集により、論文名・発表年月・頁数のみを記す）。
（9）同前、一三頁。
（10）同前、一三頁。
（11）小砂丘忠義「教育の煙幕的効果」『綴方生活』一九三一年三月号。
（12）『綴方生活』一九三二年一〇月号。
（13）佐々木昂「菊池知勇氏の文芸運動と綴方教育」（一九三二年七月）前出書、二三頁。
（14）「生活教育座談会」（一九三八年五月）同前、一九七頁。
（15）志摩陽伍「佐々木昂の歩んだ道」『生活指導』一九六三年八月、傍点引用者。
（16）なお、認識論的にみた場合でも志摩の指摘は疑問であるとの見解は前出『佐々木昂著作集』所収の「佐々木昂研究」第二章第三節（伊藤隆司執筆）に示されている。
（17）証言としては、例えば、国分一太郎『生活綴方ノート』（新評論、一九五七年八月）三九五頁。なお、これに対する批判は井野川潔「『新教』と〝生活綴方〟との交点と接点」（『教育運動史研究』一七号、一九七五年九月）を参照のこと。また先行研究としては、例えば鈴木貞雄「北方性教育運動」（菅・海老原編『日本教育運動史3』三一書房、一九六〇年一二月）がある。
（18）佐々木昂「感覚形態」前出、一三頁。

(19)佐々木昂「文の観方についての一面的研究」(一九三五年四月)前出書、八六頁。
(20)佐々木昂「リアリズム綴方教育論」(一九三五年五月)前出書、八二頁。
(21)佐々木昂「生活教育に関連して」(一九三六年二月)前出書、一五七頁。
(22)中内敏夫『生活綴方成立史研究』明治図書、一九七〇年一一月、七六五頁、傍点原文。
(23)山形県民研共同研究者集団『北方性教育運動の展開』日本教職員組合、一九六二年四月、二〇九頁。
(24)佐々木昂「一つの課題」(一九三七年四月)前出書、一八五頁。
(25)佐々木昂「指導の特殊性」(一九三三年八月)前出書、六三頁。
(26)同前、六四頁。
(27)座談会「生活綴方の原像と現代像」における横須賀薫の問題提起『作文と教育』一九七〇年二月号、傍点引用者。
(28)藤田昌士「生活指導概念の再検討」『教育』一九七四年六月号。
(29)佐々木昂「指導の特殊性」前出、六四頁、傍点引用者。
(30)ルビンシュティン『心理学　上』青木書店、一九六一年七月、二〇六頁。
(31)佐々木昂「感覚形態」前出、一三頁。
(32)佐々木昂「『態度』の問題に就て」(一九三三年三月)前出書、四一頁。
(33)佐々木昂他「北方の生活性」(一九三五年一月)前出書、一三三頁。
(34)筆者稿「佐々木昂(続)」『どの子も伸びる』一九八二年一〇月号参照。
(35)藤田昌士・前出論文、傍点引用者。
(36)宮坂哲文『集団主義と生活綴方』一九六三年五月、二五頁、傍点引用者。
(37)佐々木昂「綴方教育に於ける北方的営為」(一九三四年八月)前出書、一二七頁。
(38)この点については佐々木昂の前郷尋常小学校時代の教え児の聴き取りをもとに執筆した拙稿「佐々木昂(続)」(前出)を参照のこと。

初出　生活指導学会編『生活指導研究』第一号、一九八四年八月。

三　一九三八年生活教育論争

はじめに

昭和一二年八月に開かれた北海道綴方教育連盟主催の座談会に城戸幡太郎と共に出席した留岡清男はその報告の中で辛辣な生活綴方教育批判を行った。

「座談会では綴方による生活指導の可能性が強調されたが、理屈を言へば、何も綴方科ばかりではない。どんな教科だつて生活指導が出来ない筈はなくまた当然なすべきであらう。併し問題は、綴方による生活指導を強調する論者が、一体生活指導をどんな風に実施してゐるか、そしてどんな効果をあげてゐるかといふことが問はれるのである。強調論者の実施の方法をきいてみると、児童に実際の生活の記録を書かせ、偽らざる生活の感想を綴らせる、するとなかなかいい作品が出来る、之を読んできかせると生徒同志がまた感銘を受ける、といふのである。そしてそれだけなのである。私はいづれそれ位のことだらうと予想してゐたから、別に驚きもしなかつたが、そんな生活主義の教育は教育社会でこそ通ずるかもしれないが、恐らく教育社会以外の如何なる社会に於ても、絶対に通ずることはないだらうし、それどころか却つて徒らに軽蔑の対象とされるに過ぎないだらう。このやうな生活主義の綴方教育は、畢竟、綴方教師の観賞に始まつて感傷に終わるにすぎないといふ以外に最早何も言ふべきことはないのである。

生活主義の教育とは何か、端的に言へば最少限度を保障されざる生活の事実を照準にして思考する思考能力を涵養することである。[1]」

このような批判を直接的なきっかけとし、雑誌『教育』や『生活学校』を主な場に展開されたのがいわゆる「生活教育論争」と呼ばれているものである。

この留岡の批判をどのような角度からとらえるのかによって論争の性格づけもできるのだが、中内敏夫が指摘するように、「実践者と批評家、学者」の発想の違いとしてではなく生活綴方運動内部に発生していた多様な考え方を反映した論争とみるほうが史実に合致したものであろう。[2]中内はこの立場から、「生活綴方運動という全面的な生活教育運動が学校教育の枠のなかでの生活教育運動に戦線を整理されかかったことにたいするリアクションとして発生したもの[3]」と論争をとらえた。中内の把握は論争の一面を的確にはとらえているが留岡が生活綴方を「綴方教師の観賞に始まつて感傷に終わるにすぎない」と批判し、社会研究科の設置を中心とするカリキュラム改革の提案を生活綴方運動に対して行ったことの意義が十分明らかにされたとは言いがたい。「調べる綴方」から「リアリズム綴方」にいたる生活綴方運動の歴史をストレートな〝発展〟とはとらえず、昭和八年の新興教育に対する弾圧などからくる「社会の圧力」を加味して検討しようとした海老原治善の見解[4]を、次の留岡の一文と重ねてみるとこの点の重要性が一層明らかになるであろう。

「生活綴方は従来生活描写の方法によつて生活能力を涵養しようとしたのであるが、併しながら、描写の対象たる生活そのものが大きく揺ぎ出し、且つまたその揺ぎ方そのものが如何に帰趨するかが問題となつたのであるから、生活の描写よりも、描写される生活そのものが、問題の対象として取りあげられなければならなくなつたのである。従つて、生活指導にせよ、生活訓練にせよ、指導や訓練の方法からいつても、もう一度生活そのものに問題を還元して、改めて指導や訓練の対象や方法を再検討しなければならなくなつたのである。生活綴方の運動が現在ぶつかつてゐる問題といふのは、さういふところにあるのだと思ふのである。(5)」

この点に留意しながら、綴方教師が生活指導という言葉にどのような内実を持たせてきたのか、また綴方と生活教育の関連をどう考えてきたのかを検討していきたい。

論争の背景

生活教育論争の背景は、この論争の性格をどのようなものとしてとらえるかによって規定されるわけだが、文章表現指導と生活指導との関連のつけかたから生ずる生活教育のいくつかのタイプの相克、という本稿の視点からは「綴方教師解消論」をめぐる議論と、背景的な二つの論争に限定してふれたい。

北方性教育運動は昭和一〇年には目的観を樹立し、その方法論の追求を始めた。山形の村山俊太郎は昭和一一年二月の論文において「教師は単なる綴方教師であってはならない。生活教師へと解消すべきである」と主張した。(6)これがいわゆる「綴方教師解消論」である。何故綴方教師は解消すべきか。村山は「よき真実の生活者のみが真実に正しい表現をなし得る」という立場から、「生活指導を綴方教育の目的と考え、表現指導をそのための技術教育」とし、綴方の「題材そのものの価値性を重視」し、「題材そのものの組織的系統と拡充」とを意図した[7]。さらに村山はこの題材の組織的系統が「そのまま生活教育のプランとなり、従来の綴方だけの分科主義の立場から進展されなければならない」として、綴方教師が数学や郷土の産業機構、自然科学的現象を敬遠する傾向を批判し、子どもの生活に関連する一切を題材として組織、系統化しようとした[8]。その際軸にすえられたのが「教育がほんとうに生活教育としての成果をあげ得る時は、生産との結びつきに於いて実現される[9]」という言葉にあるように「生産」の概念であり、その綴方への適用が「生産的リアリズム」論であった。この生産的リアリズムの綴方の題材は「生活のもっとも大きな領域を示している生産をめぐる技術、労働などの過程や、精神のあり方」の表現を軸に構成されるべきであるとされた[10]。

村山の生産的リアリズム論の提唱と前後して、民間教育界では二つの重要な論争がなされた。

一つは、昭和一〇年後半より『生活学校』誌上で展開された「生活における労働の位置」をめぐる論争である。『生活学校』同年八月号の巻頭言において小川実也は、ソビエトの教育家ブロンスキーの「工業は人間が自然を支配する最高の成功であり、同時にすべての多芸的、科学的、哲学的陶冶のための幼年や少年の崇高なる女教師でもある」という言葉を引きながら、生活学校は「当然労働の、さらに社会的生産へのつながりを持つものであらねばならぬ」と主張した[11]。これに対して池袋児童の村小学校にあって教育界をリードし続けてきた野村芳兵衛は、あらゆる文化が労働、特に社会的生産への関係を持つべきことは肯定しつつも、「労働が一切の文化を規定する根本である」とか「生活は労働である」という小川の見解を支持しなかった。野村によれば、「労働も生活である。だが、休息も生活である。遊びも生活であり、読書も生活である。だから吾々の生活学校は、決して労働学校であつてはならない。何処までも生活学校でなくてはならない」のであった。[12] この論争は、小川の離脱によって、高山一郎（＝増田寛一）、村岡一夫（＝田部久）という旧新興教育運動関係者と野村の間で継続されていった。野村の考える労働教育（彼はそう言わないが）を実施しようとすれば、現実に存在する労働ではなく、「自然」の合理性という観点から組織された労働、正確には「作業」というべきものがイメージされるであろう。[13] それに対して、高山、村岡らは教育的観点からの言及が不十分であったとはいえ、現実に日本に存在する社会的生産（特に機械制大工業）との結合をイメージし、生産関係の日本的半封建性、後進性にまで論及していった。彼らの論調は、否応無しに現実の社会的生産関係に教え子を組み込まれながら、否定的な現実の中にこそ「労働の陶冶力」という肯定的な契機を見いだそうとしていた北方の綴方教師たちに共感をもって受けとめられた。反対に、野村芳兵衛の影響力は急速に衰え、北方教師をはじめとした綴方教師の中にあった〝大正自由教育の小市民的側面〟の払拭に拍車をかけた。

もう一つの論争は、昭和一二年一月から四月にかけて岩手の柏崎栄と鳥取の峯地光重との間でなされた「生産と教育」をめぐるものである。峯地は「教育は要するに児童の生産的能力を陶冶するにある」として、生産教育の社会的意義を「作業過程に於ては、協業と分業により、結果に於ては、その物の効用」によるものとした。[14] 峯地はイチゴかごを子どもに分業で作らせ、作業能率の向上と協力活動での精神的訓練を狙った実践を紹介している。これに対して柏崎は、文集代の一銭を集めるのが容易ではないという「一銭のなげきも、学校の欠食児童も、あえぐ現実から生まれ、現実の必要、下からの必要が学校に生産作業を持込んできている」のに、峯地の生産教育には「学校に生産を取入れなければならない社会的必要がそこには見られなかった」と疑問を提出した。[15] 峯地は、自己の生産教育が経済的見地からだけでなく教育的見地から行っているると反論したが、[16] その具体的内容は示さず論争も争点が噛み合わないまま打ち切られた。柏崎は「現実の必要」とか「社会大衆の要求につらなる子どもの要求の実現」ということばで生産と教育の結合の視点を表現したが、これは志摩陽伍が生活教育論争をトータルに検討する視点としてあげた「必要」概念と軌を一にするものであった[17]。この時期に北方の綴方教師たちが持ち始めた「必要」概念は、小川太郎が『生活綴方と教育』のなかで北方性教育の「生活台」に学びながら、生活と教育の結合原則を次のように規定したことの鍵となるべき概念でもあった。

「搾取されて貧乏に苦しんでいる人びと、生活の真実の認識をとおしてでなければ自らを解放することのできない人びとを『生活台』とすることから、国民教育は構想されなければならない[18]。」

昭和一一年段階の村山の綴方教師解消論は前述したように綴方教師から生活教師への発展的解消であった。ところが、一二年にはいると、一八〇度ともいえる転換が村山に起こる。

「綴方の教育は、生きる技術としての言語生活のキソ訓練だ。そのことを度外視しては生活指導も、意欲の高揚も、芸術性の深めも、モラルのみがきも、ヒューマニティの獲得もなりたたない。教育という広い舞台の一つの要素としての綴方教育は、文字という道具を使いこなして、自分のもっている思想や感情を確実に効果的に他人にわからせるための技術教育がもっとも重要なのだ[19]。」

ここにみられる「生きる技術としての言語生活のキソ訓練」という生活綴方の任務規定は、むろん単純な文章表現至上主義ではない。「綴方の教育的営みを放棄して部落や郷土のなかにとびこんでいくことも欲しない。それかといって綴方を教室籠城主義で社会につながる有機的通路をふさぎたくもない[20]」としていることからも、それはうかがわれる。また、「生活教育のうえに正しい児童の教育組織がつくられ、その生活の必要から文字を学び、表現するという心構えができたら、綴方の時間だから文を書く、先生に叱られるから鉛筆なめなめ走らせるというような子どもが、救われはしまいか」として、〈書くこと〉を生活の自然な流れとして組織する必要性を訴えた(21)。

これまで検討してきた村山のものとは異質な内容をもった「綴方教師解消論」を唱えたのは、秋田の佐々木昂であった。佐々木は『生活学校』昭和一一年一月号で「綴方教師解消論」という項をたてて、次のように述べている。

「ほんとうに私たちが綴方だけをやる、綴方だけしかやれない教師であったら真に綴方科一科をもやれない教師なのである。私たちは綴方だけでは生活指導が出来るなんて馬鹿化たことは誰も考へてゐない。只私たちが若い綴方の教師及び国語教師を出発の足場としたのでさうした空気を醸したに過ぎない。教育の全野に対して私たちはがんばり、今年はさうした教科主義的な、専門家的な空気を一掃したいと思ふ(22)。」

この決意に基づく実践は、「学級経営解消」（同年八月）、「村落更生に態度する」（同一二月、一二年一月）に報告されている。後に「生活学校賞」第一位を獲得した「村落更生に態度する」のなかで佐々木は、「学校を地域の機能の一つとして位置せしめず『小学校は小学校』といふ身勝手な、切り離されたものにして独尊的な指導精神を持つ態度と古い思想」として、教科主義、教室籠城主義を批判した(23)。佐々木は個的な生活を「歴史的にしてしかも社会的に過程されてゐるところのドット(24)」ととらえていたが、このドットから表現されてくる綴方作品を見る教師の眼は、歴史軸、社会軸に沿って限定なくその視野を拡大しつつ、絶えず「個のリアリテイ」の把握に結びつけられていた。佐藤サキの綴方「職業」の検討を経て「表現の練成といふことがとりもなほさず生活鍛錬であり、生活の鍛錬、生活の前進によつてのみ表現の練成が可能である[25]」ことを体得していた佐々木にとっては、綴方科をはみだし、学校教育の枠をもはみだして生活や地域の変革の実践に取り組むことは、意識のあり方を規定している存在自体の変革というきわめて教育的な仕事にほかならなかった。佐々木の場合、「超階級的な、無場所的な教育的思考[26]」に慣らされてきた教師の眼を子どもの生活現実に向け、そこで獲得されるリアルな認識に立って教育全体のあり方を検討する「足場」として綴方を位置づけていた。この綴方が生活指導の問題として限定なく拡張する指導内容、領域を教育として再編成する器（形態）が生活教育という語の意味するところであった[27]。

村山や佐々木のような異なるタイプの生活教育、従って異なるタイプの生活綴方がこのほかにも様々に登場してくる中で、この議論をかみあわせ、方向性をもたせようとしたのが、野村芳兵衛にかかわって『生活学校』誌の編集にあたっていた戸塚廉であった。

論争の展開

留岡の生活綴方批判をめぐる論争はまず『生活学校』誌上を舞台に行われた。同誌一九三八年一月号は留岡論文を転載したが、留岡の提起を「昨年頃から、綴方教師人の内部に於て問題とされて来ていた綴方教育に対する疑問再検討の気運に対して非常に示唆に富んだ指示」と評していることからも、戸塚の意図がうかがわれる[28]。

同誌にはほぼ全国の綴方教師の意見をのせているが、そのなかでも興味深いのは秋田の加藤周四郎と山形の清野高童のものである。

山形の清野は留岡の主張を支持する形の論を展開した。

「生活教育を一手に引き受けたような錯覚を起して立ち上つた所謂綴方教師によつて、ひたむきにおし進められたかにみえた綴方界に、中心統合法がもつ矛盾にた矛盾をはらんでいたことわ当然であつたし、したがつて、この叫び（綴方教師解消論—引用者註）のおこるのも当然だつたはずです。[29]」

村山俊太郎や国分一太郎らの山形グループは教科構造論の指向性を持っていたから、留岡の主張は基本的には受け入れられるものであった。

秋田の北方教育社同人たちは「作品処理は生活処理である」との見方から、学校教育の枠内での指導に収まらない程（すなわち枠を「はみでる」程）「最小限度を保障されざる、生活の事実」を「照準」として実践していた。従って、留岡の見解は、異論がないどころか、大いに支持すべきものであった。ところが加藤はその「照準」のもとの実践方法は「地域の生活の必然性から当然要請されてこなければならない」とつけ加えている[30]。加藤が「生活の事実」というとき、それは幸福になる「勤勉」もあるが幸福にならない「勤勉」もあるといった「割り切れない事実のコビが語るモラル」つまり観念的なモラルではなく生活に現存しているモラル、教師の主観で割り切ることのできない現実そのものを意味する[31]。これを抜かして観念としてモラルを説いても何の効果もない、と加藤は考えたが、その背景には現実に対する教師の指導の無力さという実感があったのだろう。例えば、苦しい生活に押しつぶされようとしている子どもに「正義は必ず勝つ」と励ましてやったとする。それを聞いた子どもは、その事に一筋の希望をかけて勉強し卒業していく。しかし現実の社会では、「正義は必ず勝つ」とは限らないし正義は負ける事の方が多い。だから子どもにとって「正義は必ず勝つ」という観念は何ら現実性を持ってこないのである。加藤のこのような考え方の背景には、北方教育社同人たちが到達していた生活指導観がその指導の対象と範囲を限定無く拡大していった結果としての、社会的現実に対する教師の指導の（従って教育の）無力さという実感があったものと思われる。

「(子どもたちの）表現が、うそでない生活事実の、生活感情の火花であればあるほど、教師の指導意識は『灰色の壁』につきあたるにちがいない。それでいゝのだと思ふ。混迷する生活の中で、子供教師とともにもがく、それが指導意識となつて行くものであらう。(32)」

留岡は「最小限度を保障されざる生活の事実を照準」として思考する能力を訓練すれば、必然的にそのような生活の原因が求められるとしたが、加藤には必然的とは言い難かった。生活の苦悩を苦悩として表現し、意識化するところから自分自身で前進の糸口を見いだす「生活探求の自主性(33)」を持った思考能力を綴方で培おう、と加藤は考えていたのだった。そして、「表現教科は、かかる生活探求の自主性を色濃く出すことが出来る条件にある」として、生活教育における綴方の意義を強調した。加藤のこのような指導観は、留岡からすればまさに「観賞に始まつて感傷に終わるにすぎない」と批判した点そのものであったが、綴方教師からすれば綴方なしの生活教育が「仏つくつて魂入れず」になると反論した点そのものであった。留岡は「生活とは必要を充足する事実に外ならず、生活主義の教育とは必要を充足する工夫を訓練する方法に外ならない(34)」として（イ）社会研究科の設置といったカリキュラム改造運動にも綴方教師が眼を向けること、（ロ）

地域実践をすること、を提案した。[35] 総論としては留岡の提案に賛意を示しながらも、佐々木は「単にカリキュラムの改造だけで成績をあげて功を奏するものとはどうしても考えられない[36]」としてあくまでも綴方に重点を置いた生活教育を主張した。このような態度は他の綴方教師にも少なからずみられたものであったが、それでは綴方による生活教育の特殊性とは何であったのだろう。

生活綴方と生活教育

綴方教師は、〈子ども把握〉と〈生活勉強〉と〈生活組織〉の三つを一元的に構造化できる生活教育論を求めていた。

佐々木昂が『教育』誌主催の「生活教育座談会」で述べているように、生活綴方教育の出発点の一つは確かに〈子ども把握〉であった。知能テストや環境調査で「子供をグルグルに取巻いて調べ上げて、帳簿を作る教育」が一世を風びするなかで、「子供がどういふ気持ちを持つて居るのか、どういふ関心が子供に一番大事かといふこと[37]」を綴方によって捉えようとしたのであった。

綴方で捉えた子どもの気持ちや関心といったものを〈生活勉強〉にどう結びつけるのかが、綴方と生活教育の関連の最大の論点と言えよう。佐々木は「綴方型—これは必ずしも最初から教科生活の予想としてでなく、全体としてその子どもの生活をなんとかしなければならない、所謂生活指導に立つ生活教育の型[38]」と、思いを概念化できないいらだたしさをもって自己の生活教育を規定しているが、この論の中心的論点は「生活題材と学習材」の一致という点であった。[39]「子供たちの肉体の場即ち生活の場を極めて重要視し、こゝからのみ真正な姿勢で起ち上らせなければならぬ[40]」という思いで生活教育をとらえる佐々木は、「生活の流れの中に教材を位置させるのであつて教材を読解するために生活を手段化すといふ観方をとらない」[41]としたが、このような学習観、教材観を理論的に意味づける仕事は、当時はもちろん今日に至るまで十分になされているとは言いがたい。山形の清野高童のように「中心統合法がもつ矛盾ににた矛盾」という言葉でしか問題を把握できなくても無理からぬところがあるといえよう。

また、留岡が社会研究科を提案した時、そこでは綴方作品に表れた子どもの表現を社会科学的な認識という点から理解し、それへ高めていくことが前提とされている。しかし、生活綴方の子どもの表現は認識のみに、ましてや社会科学的認識のみに収斂されるべきものではなかったはずである。〈生活組織〉という言葉で生活感情の共感の組織を重視してきた綴方教師たちが、その仕事を「観賞」と「感傷」という言葉でしか捉えられなかった留岡に反発したのは当然のことであった。

このように生活教育論争の性格を捉えるならば、一元的に構造化された生活教育論がたてられるまで、一九三八年に始まった生活教育論争は継続されているとみなければならないだろう。

注

（1）留岡清男「酪連と酪農義塾」『教育』一九三七年一〇月。
（2）中内敏夫『生活教育論争史の研究』日本標準、一九八五年。
（3）中内・前掲書、五二頁。
（4）海老原治善『現代日本教育実践史』明治図書、一九七五年、四八〇～四八二頁。
（5）留岡清男『生活教育論』西村書店、一九四〇年、一四～一五頁。
（6）村山俊太郎「取材角度と綴方の方法」『村山俊太郎著作集』第二巻、百合出版、一九六七年、一三五頁。
（7）同前、一三四頁。

（8）同前、一三五頁。
（9）村山「生活綴方の新しい努力」同前、一四二頁。
（10）同前、一四三頁。
（11）小川実也「生活学校と労働教育」『生活学校』一九三五年八月号。
（12）野村芳兵衛「生活学校の諸問題―生活に於ける労働の位置」『生活学校』一九三五年九月号。
（13）中内・前掲書、三〇頁。
（14）峯地光重「生産と教育」『生活学校』一九三六年五月号。
（15）柏崎栄「生産と教育について峯地氏に問ふ」『生活学校』一九三七年一月号。
柏崎『ある北方教師』現代教育研究社、一九八一年参照。
（16）峯地「柏崎君にお答する」『生活学校』一九三七年一月号。
（17）志摩陽伍『生活綴方と教育』青木書店、一九八五年、一八七頁。
（18）小川太郎『生活綴方と教育』明治図書、一九六六年、一四九頁。
（19）村山「綴方への反省」『村山俊太郎著作集』第三巻、百合出版、一九六八年、二五頁。
（20）村山「教室文化を高める綴方」同前、五〇頁。
（21）村山「綴方への反省」前出、三〇頁。
（22）佐々木昻「今年の仕事態度など」『佐々木昻著作集』無明舎、一九八二年、一五四頁。
（23）佐々木「村落更生に態度する。」同前、一六一頁。
（24）佐々木「感覚形態」同前、一三頁。
（25）佐々木「リアリズム綴方教育論（三）」同前、八二頁。
（26）佐々木「一つの課題」同前、一八五頁。
（27）筆者稿「生活綴方における生活指導の概念について」生活指導学会編『生活指導研究』第一号、明治図書、一九八四年参照。
（28）『生活学校』一九三八年一月号。

(29) 清野高童「二五九八年のために」『生活学校』一九三八年一月号。表題の年号は皇紀暦によるもの。
(30) 加藤周四郎「教室的良心の行方」『生活学校』一九三八年一月号、傍点筆者。
(31) 同前、四八頁、傍点筆者。
(32) 同前、四九頁。
(33) 同前、四九頁。
(34) 留岡「教育に於ける目的と手段との混雑について」『生活学校』一九三八年二月号。
(35) 『生活教育』座談会」での留岡の発言『教育』一九三八年五月号。
(36) 佐々木「生活・産業・教育」前掲書、二一三頁。
(37) 「『生活教育』座談会」での佐々木の発言『教育』一九三八年五月号。
(38) 佐々木「生活・産業・教育」前掲書、二一四頁。
(39) 同前、二一四頁。
(40) 佐々木「生活教育に於ける国語」同前、一七五頁。
(41) 同前、一七五頁。

初出　日本作文の会編『作文教育実践講座』第一巻、駒草出版、一九九〇年三月。

四　戦前生活綴方実践における文集の役割

文集と生活綴方

生活綴方教師は、別名「ガリ版先生」と言われたり、「鉄筆ダコは綴方教師の勲章」という言葉がある。こうした言い方に表されるほど、文集づくりは生活綴方教育の仕事の中でも大きな位置をしめている。新潟の綴方教師で、大関松三郎の作品集『山芋』の指導者として知られる寒川道夫は、「文集がない教室では「生活の見方・感じ方・考え方・行動の仕方・生き方の指導のそのどれも、そしてそれと切りはなせない文章表現の諸活動にしろ、何を頼りにして、どのように導きすすめるべきか想像することができない」[1]とまで述べている。生活綴方教育にとって文集がこれほどまでに重要な位置をしめると認識されるのは、そもそも生活綴方の成立が「文集による学習」法の確立と深く関わっていたからとも考えられる。この点を労作『生活綴方成立史研究』で解き明かした中内敏夫は、「文集による学習」という綴方教師に広く用いられた体系は、「表現のための生活指導」論からはもちろん、子どもは、子どもとの集団関係において発達するという観点の弱かった綴方論からも出てきにくいものであったとしている。[2]このように、綴方教師によっても、生活綴方研究者によっても、生活綴方実践と文集を結ぶ視点はきわめて明確である。すなわち、文集は「生活勉強」のための学習材・教材であり、また学級、学校、地域の子どもと教師、時には親や地域住民を結ぶ「社会的紐帯」(social band、寒川道夫(3))でもあった。

ところで、このように重要な文集がこれまでの生活綴方教育をめぐる様々な議論の中で明確に位置づけられてきたかというと必ずしもそうとは言えない。それは一つには、文集が作製者である教師の手元から散逸してしまっており、未だに未発掘のものが多いということにもよっている。周知のように、一九四〇年から四二年にかけての特高警察による激しい弾圧により、他の多くの資料とともに文集も押収され、そのまま戻ってこなかったからである。当事者以外に渡った文集は、壺井栄の小説『二十四の瞳』に描かれているように、弾圧への連座を恐れた人の手によって焼却されてしまった場合もあったであろう。指に「鉄筆ダコ」を作りながら、教師や子どもたちによって刻まれた貴重な文化財は、生活綴方を「児童に対して其の現実生活に即し、資本主義社会の矛盾を自覚せしめ階級意識を誘致醸成せしむる」教育として弾圧した警察当局のこじつけのための有力な証拠として奪われてしまった(4)。

このような資料的制約もあったが、戦前の諸綴方教育雑誌が発掘されても、理論的な著論と文集をつきあわせて当時の実践の実態に迫る研究は十分にはなされてこなかった。戦前生活綴方教育の当事者が、次のような言葉をあらためて、多少のいらだちをもって発したのはこのような研究状況への批判意識からであったと思われる。

「生活綴方の生成過程は、十余年の長い経過を辿る間に、その実践その理論も、幾たびかの相互のからみ合いの中で進展してきたものであり、そのたびごとに、文集も内容的質的な転移作用が、行われてきていることになる。こう考えてくると、この運動の究明には、文集活動が大きな役割、大きな意義をもっていることに思い当たるであろう。(5)」

それでも他方では全国各地における綴方実践の証言や資料が発掘され始めると、六〇年代に出された論点をこの成果のうえに再検討しようとする動きも見られるようになった。生活綴方と集団主義的学級づくりの論争を再吟味した志摩陽伍が、「生活綴方によらないところの学級集団づくりはあるが、学級集団づくりをともなわないところの生活綴方教育実践というものをどのようなかたちで考えうるであろうか」と問い、その答えの糸口を「生活綴方において文集とは何であり、何であったし、また何であらねばならないかを、具体的、実践的に考えてみること」に求めたのは、その一例であった。(6)文集が教育実践を反映するものであるとすれば、文集の教育実践史的検討は生活綴方教育の実像の再検討の重要な礎石になるものと思われる。

文集の印刷技術

ところで、綴方教育の発展における「ガリ版」や「鉄筆」といった文集作製手段の印刷技術にふれた数少ない研究書の一つである、戸田金一の『秋田県教育史　北方教育編』には、次のように述べられている。

「一九二三年（大正一二）頃から、今日の孔版技術を完成させた、優れた技術者たちが輩出し、その後約一〇年ほどの間に、簡易印刷機孔版の新技法が次々と発明された。（中略）

こうして見ると、実に綴方教育の発展を担った学級文集や学校文集製作の出現はこの孔版簡易印刷法の進歩普及と共にあったことが分かる。綴方教師達は文字通り、当代の新技術の巧みな行使者にほかならなかった。(7)」

これとほぼ同じ時期にあたる一九二四年、フランスの綴方教師セレスタン・フレネは子ども自身が活字を組んで印刷する印刷機をクラスに持ち込み、自由テクスト（texte libre）と学校文集（journal scolaire）の実践に取り組んでいた。アルファベットの組み合わせによる印刷と違って、漢字と仮名がまじる日本の文集作りは長い期間この孔版印刷技術に頼ることになったが、方法の違いはあれ、子どもの作品を印刷し、それを学習材とするという発想が同時代的に生まれたのは興味深いことである。(8)

ところで、「ガリ切り」という作業は、単に、子どもの作品を印刷、普及するためにする単純な作業というわけではなかった。指に鉄筆ダコを作りながら子どもの作品を「切る」過程は、書き写しながらじっくりと作品を読み深め、その作品を通して何を子どもたちに考えさせたいのかを構想する作品研究、授業研究の過程でもあった。

一方、印刷や製本、さらには熟練を要する「ガリ切り」の技術を教師の手伝いをしながら子どもたちも獲得していった。むろん教師が意図的に手伝いをさせた場合もある。尋常小学校の四年生くらいになれば、こうした技術を駆使して自分たちで新聞を作ることもできた。国分一太郎の勤めていた長瀞尋常小学校の「もんぺの村新聞」はその一例である。その新聞に「自分たちの力で」と題するコラムを寄せた国分は、「ひとの出したごちそうを食ふだけなら何でもない。ごちそうを作りだすのがむづかしいのだ。まづ、今のうちから自分たちの力でやってみることだ。そして力をためして見ることだ(9)」と、子どもたちを励ました。子どもたちに自立の力をつけようと提唱された生活技術の中に、こうした技術は位置づいていたものと思われる。

また、一九三四年七月に北海道の坂本亮人の学級で作られた『私たち子供の作る文集　ひなた』は、編集、孔版、印刷、製本まで全てを子どもが行うものであるが、坂本は文集の作品そのものに対してだけでなく、「文集の製作過程、学級に於ける仕事と文化に対する協働性も見逃して貰ひたくない」と読者に注意を喚起している。(10)

秋田では、佐々木昂が前郷尋常高等小学校で担任した子どもたちが卒業後、級友誌『ポプラ』（後『栗』に改題）を作っていたが、ペンネームを愛用した佐々木の学級の子どもらしく次のような記事が見られる。

「自分の書いたもの等を、こうして多《（ママ）》くさんの人達の眼前に送られ、直接自分の名前を書き記るされることは、場合によって非常におっくうな気がする。（中略）諸兄、姉よ、なにもおっくうなことはない、自分の本名から、二字以上を拾ひ、ペンネームを作って下されば直感的な嫌気を感ずることがない。(11)」

このように、単に印刷技術だけでなく、文学的な創作活動の意欲を綴方教師の文集活動を通して子どもたちも持っていった。このことが、地域青年の文化活動に大きく貢献したであろうことは容易に推測できる。教師だけでなく子どもも簡易印刷の技術を得たことは、大げさに言えば民衆が自分たちの思想や感情の表現と交流の手段を獲得したことだとも言える。

文集と生活勉強

それにしても、子どもの作品を個人的なノートへの書きとめや、手書き作品を綴った回覧形式の作品集に留めず、自ら印刷製本して子ども全員に手渡すという発想の意味は何であったのか。他方、諸雑誌で募集される作文への応募ではなく、出来るかぎり多くの子どもの作品を学級あるいは学校、さらには地域単位の文集にしていこうという発想の意味は何であったのか。このことを考えると、文集作りという行為は綴方作品を自らの実践の場の文化財として位置づけそれを出発点として教育を構想するという、教育の発想の根本的転換を意味するものであったことが明確になってくる。生活綴方の教師たちは、一方では大正自由教育以来の「教材の生活化」や「教育の地方化」に、他方では伝統的な郷土主義や農村更生運動の教育版との接点を持ちながらも、それらに還元することができない独自の地域観を作っていった。こうしてひとたび自らの足場が確認されると、この地域観は中央政治に対するだけではなく、日本の文化、学問の発展のあり方に対する批判意識をも内在させた教育論へつながっていった。秋田の佐々木昂は「北方性の提唱は超階級的な、無場所的な教育的思考の原野への反逆で、ぶちこわしの火の手で、教育思想のコペルニカス的転換である[12]」と高らかに宣言している。この足場の確認は、学級担任制という制度的な基盤もあって、小学校の学級文集に特に顕著であった。したがって、文集は単なる個人の子どもの作品集という性格だけではなく、学級などの基礎単位の集団的な活動の記録という性格も帯びるようになってくる。

ところでこうした性格を持つようになった学級文集は、一九三五年を過ぎる頃には、「学級新聞」に形を変え、新たな内容をもつものが登場し始める。鈴木正之は秋田の北方教育社の動きを次のように証言している。

「文集の形も、このころから、同人の間では、ただに児童作品の収録でなく、総合雑誌体裁に、文化的な、また科学的な記事も取入れた新聞型に変ってきていた。私は、子ども自身が編集・ガリ切り・印刷をする『生活勉強』という学級新聞を出すようになっていた。[13]」

また山形の村山俊太郎も教室文化を提唱するなかで文集を学級新聞化することを主張している。

「従来のごとき文集形態を脱して、学級自治の機関誌として、生活組織の機関車としての新聞—教室文化をたかめるに役立つ形態にすることが可能なのである。しかも生活の必然に立って文をかく技術を習得し、文は何のゆえにかくのかの真意義を解させることの重要性は、今更言をまつまでもない。かくて綴方教育は、ほんとうに生活組織のためのものたり得るし、子どものモラルを組織する教室の文化としての役割を果たすことができるのである。[14]」

後に引用する国分一太郎の『もんぺの弟』第五号は「生活読本として雑誌風」に編集したもので、「綴方や詩だけでない科学的な材料」も載せたいという国分の思いを表したものである。[15] これは、綴方作品に対する指導が「全面的な生活指導」として構想され、偏狭な地域性から子どもの眼を広く世界に向ける文化が教育実践の課題として自覚されたときに、文集を個々の子どもの作品の収録集にとどめず、日常的に子どもたちの生活をリードし、組織する文化誌＝学級新聞にするという発想であったと思われる。

しかも、文集の作品を学習材とする生活勉強は、単にひとりひとりの子どもが生活現実を認識するにとどまらず、地域の生活者である子どもたちが地域の未来をどう作っていくのかというヴィジョンを勉強するという性格をもち、この眼が地域の青年や親たちの生き方にも問題を投げかける読み物になるという可能性をも持つものであった。

文集交換

文集の交換は全国版綴方教育諸雑誌や地域の研究会等で知り合った教師の間でかなり広範に行われていた。長崎の近藤益雄が秋田の北方教育社発行の文集『くさかご』の購読を通して結びつきが出来ていったような場合もある。こうした文集交換や交流を積極的に進めていた教師の少なくない部分が、一九四〇年前後の特高警察による弾圧を受け、自分が作った文集はもちろん全国各地の教師と交換して集めた文集も、他の諸々の資料と共に押収されてしまっている。したがって、交換の範囲がどれ程のものであったのかを数量的に示すことは困難である。一九三三(昭和八)年に秋田の北方教育社によって開かれた全国文集展覧会には県外からの寄贈とともに、同社同人が個人的に交換している文集もかなりの数が展示されたという。[16]

このような交換は「綴方教師相互のネットワークをつくる有力な手段[17]」であったといわれるように、地域的に孤立しがちな教師が実践の事実でもって交流する営みであった。「綴方指導書より文集から教へられる[18]」といわれたほど、彼らは文集を通して他の教師の実践から多くのものを学びとっていった。また、単に文集の交換だけでなく、批評や感想を含めた私信のやりとりや、研究会などでの直接的な出会いなどで親しさをましていっている。そして、お互いの学級の子どもを作品を通して〝固有名詞〟で語りあえるようになっていったが、時には交換旅行ともいうべき実践も行われていた。山形の国分一太郎の「もんぺの弟」学級に宮城の鈴木道太の「手旗」学級の子どもたちが遠足をかねて訪れた時のことが『もんぺの弟』第五号(一九三五年一一月)に載っている。[19]

むかひ　　　　　　塩野勝己（尋常小・四年）

ひようとならしてきた汽車
この汽車こそは
私たちのむかひにきたほんとの汽車だ
鈴木先生たちがおりて来た
すこししようすくなつた
自動車のかげにかくれてゐた
私の所に生徒が来て
「もんぺはいてゐるか」といつた
だまつてゐた。

国分だけでなく子どもたちにも迎えられた鈴木は、「敏夫だの、正だの、義一だの、喜一郎だの」と子どもたちの名前を知っていてその子どもと会えることを楽しみにしていたが「誰がなんだかわからないままに帰つて来てしまつた」ことが残念であったと礼状の中で述べている。また、子ども同士の直接的な交流がこの時は実現せず、子どもたちが落胆したことが他の作品に綴られている。文集の交換は、戦前にあっては子どもに対しての実践的意味づけは強くなく、あくまで教師同士の交流が主であった。教師だけではなく、子どもたち自身の人間的交流を基礎にお互いの生活を勉強し合い、自分の生活を絶対視せず、眼を広く外の世界に向けていく交流は戦後の実践の展開を待たねばならなかった。とはいえ、交流の基本的発想が、例えば

「島のくらし」といった教科書の内容を具体的に理解させるために行われた（従って、〝単元の切れ目が縁の切れ目〟となる）のではなく、作品を通して知っている学級の子どもと直接交流したいという極めて自然な感情によるものであったことは銘記しておく必要があるだろう。

注

（1）寒川道夫「生活綴方と文集」『作文と教育』一九六七年七月号、七頁。
（2）中内敏夫『生活綴方成立史研究』明治図書、一九七〇年、九〇八頁。
（3）寒川道夫、前出、一一頁。
（4）鈴木正之「北方教育社のころ」（一九六九年）『鈴木正之北方教育著作集』同書編集刊行委員会、一九九二年、二六一頁参照。
（5）佐々井秀緒「文集活動を通して観た生活綴方運動の様相」『生活綴方』第八号、一九七九年九月、六二頁。
（6）志摩陽伍『生活綴方と教育』青木書店、一九八四年、一六八頁。
（7）戸田金一『秋田県教育史　北方教育編』みしま書房、一九七九年、六六頁。
（8）フレネ『仕事の教育』（宮ケ谷徳三訳、解説）明治図書、一九八六年参照。
（9）『もんぺの村新聞』第一三号、一九三七年四月一三日、「白い国の詩」編『北方の児童文集　山形編』収録、東北電力、一九九二年。
（10）坂本亮人「『ひなた』について」『工程』一九三六年七月号、一三頁。
（11）『栗』一九四〇年一〇月号。
（12）佐々木昂「一つの課題」（一九三七年）、佐藤広和・伊藤隆司編『佐々木昂著作集』無明舎、一九八二年、一八五頁。
（13）鈴木正之「北方教育社のころ」前出、二三五頁。
（14）村山俊太郎「教室文化を高める綴方」（一九三八年）、日本作文の会同書編集委員会編『村山俊太郎著作集』第三巻、百合出版、一九六八年、五二頁。

(15) 国分一太郎「『もんぺの弟』について」『工程』一九三六年七月号、三頁。
(16) 鈴木正之「北方教育社のころ」(一九六九年) 前出、一九三頁参照。
(17) 横須賀薫「文集」『民間教育史研究事典』評論社、一九七五年、一一九頁。
(18) 座談会「文集を語る」における宮城の鎌田冬二の言。北日本国語教育連盟『教育北日本』第三号、(復刻版、無明舎)、一九三六年五月、二一頁。
(19)『もんぺの弟』第五号、一九三五年一一月一五日、「白い国の詩」編『北方の児童文集　山形編』前出、四四三〜四五二頁参照。

初出　日本作文の会編『学級文集の研究』一九九三年四月、大空社。

五　佐々木昂のことばと表現

はじめに

この小論は秋田県の生活綴方教師である佐々木昂（一九〇六―一九四四年）によりながら、生活綴方が大切にしてきたことばをとらえる視点について述べていきたいと思うが、本論に入る前に佐々木の（生活綴方）教育論がこれまでどのような点から注目されてきたのかを簡単に紹介しておきたい。

佐々木昂は『北方教育』誌に初めて寄稿した論文「感覚形態」の冒頭に「綴方の問題は生活と表現とだ」という文を配した。この佐々木の表現論を公教育批判の基本原理としてとらえたのは教育学者大田堯であった。

「佐々木らの前には、その歴史的社会的条件をことにしながらもいろいろな歴史的、社会的な限定のもとにおかれた『生活』を背負った子どもたちと、それに対して、権力によってえこじな『表現』を期待する『公教育』があった。『生活』としいられた『表現』とのくいちがい、それをあたえて教材伝達の媒介者として、つじつまを合わせようとして、子どもにそむかれる佐々木らをふくめた公教育教師としての悲哀がここには深刻なものとしてあったであろう。

『生活』と『表現』の問題は、本質的には綴方どころか公教育の内在させていた根本矛盾であり、公教育教師にとっては自らの生き方にかかわるものであった。(1)」

大田の指摘にみられるように、佐々木のリアリズム論は単に文章表現指導の方法論にとどまるのではなく、教育実践全体におけるリアリズム論という志向性を当初から持っていた。具体的には、子ども把握を契機とした〈教師の自己変革〉論が基軸にすえられるという特徴を持っていたのである。

佐々木は秋田の生活綴方運動の拠点となる北方教育社と関わりを持つ以前から東京でプロレタリア文学運動に参加しており、帰郷後は『秋田文芸』誌に近藤六郎というペンネームで執筆している。近藤名で執筆した論文「文学に於ける個性的なるもの」では、独特の個性論を展開する。

「『秋田的なる』個性を深めることによつてのみ全国的乃至世界的な普遍性に昂まろうとする。個性に徹することによつて普遍性を獲得する。これが文学の弁証法である。(2)」

近代日本の「個性化」教育（学）言説を検討した佐藤学は、個性化言説の多くが「個性化＝差異化」の立場をとるなかで、それを「個性化＝特異化」として生活綴方教師たちは発展させ、その「特異性」をとおして国民教育の虚構性を脱したと論じ、その典型例として佐々木の見解をあげている。

「佐々木は、『個性という意味を誤解されては困るが個性的な深さを保つことは個人主義とは凡そ正反対である』という『個性』の概念を、すでにプロレタリア文学運動の経験から獲得していた。『文学に於いては個性的なものこそ普遍的なものである』と彼が言うとき、その『個性』は『特異性（シンギュラリティ）』の意味において明確化されていると言えよう。(3)」

この他にも戦後の教育（学）研究において早くから注目されてきた生活綴方教師として佐々木に関する言及は数多くあるので、私たちが編んだ『佐々木昂著作集』所収の「佐々木昂研究」をぜひ読んでいただきたい。

最近「今日の子どもたちのことば」をめぐって様々な議論が交わされているが、大学教育のなかで特に「自分のことばで語る」ことの重要性を実感することが多い。汐見稔幸の「生活綴り方の精神を今再び社会の精神に(4)」という呼びかけも念頭におきながら、今日「ことば」の問題、特に「自分のことばで語る」ことを、佐々木が公教育の原理的批判の焦点にすえ、したがって本来的な人間形成論の基軸にすえた「生活と表現の問題」をもとに論じてみたい。

公教育と感覚・感性

同じ物事に対して異なる意識を持つことはきわめて当たり前のことである。「三銭プラス四銭」が七銭であることは間違いのない事実である。ある人は「バスの切符」を想起し、ある人は「コーヒー一杯に三銭不足の悲哀」を感じたかも知れない。それを教育者が「ミルクパン一つ」と「二銭の貯蓄」と捉えるべきだと子ども達に強制したら「全くの暴力団だ」と佐々木は批判する。この一文は昭和初期の公教育のあり方を念頭に置いて、その観念注入的な性格を強く批判したものであると考える。(5)

当時、たとえば修身の教科書には「勤労」をテーマに扱った課では、代々の借金を背負った小作の農民がわらじを夜なべで作ったり、新しい田を開墾したりして仕事に励み、借金を返すばかりでなく、裕福になり領主から誉められるというサクセスストーリーがあげられている。これに対してプロレタリア教育運動の関係者は、同じ農民を例にとりながら、夜なべで作ったわらじもさして収入の足しにならず、開墾した田にも年貢が重くのしかかって借金は増える一方なので、農民組合を作って頑張るようになったというストーリーに「改作」した物語を対置した。

つまり、貧困という事態とそこから抜け出す手だてとしての「勤労」は、国家の側からそのように期待される結びつけ方で語られるのであり、農民（とりわけ小作）の圧倒的多数の必然的な結びつけ方とは鋭く対立するものであった。地主制度の要請に支えられた国家による教育（公教育）は、寄生地主制度によってうみだされる事実とそこに存在する矛盾を隠蔽するという機能を担っていたのである。

「従つて現実態としての教育作用は或特定のイズムを前提として行はれてゐる以上—封建制度を支持し或はその顎使に甘んじなければならなかつた—仮定ではない—時に撰択された極く少数の個及び群以外の総てはその生活の慾求と却つて逆転であり、その標識と矛盾し—個性尊重と称しても六年乃至八年間の期限付きだ—甚だしきは応々《ママ》にして否定でさへあつたりする。

権力が保証を与へる公正な虚偽の存在だ。(6)」

生活綴方教師が子ども達に「ありのまま」の生活を綴る営みをとおして事実を「ありのまま」にとらえる目を育てようとしたのは、こうした虚偽のイデオロギーに惑わされることなく自己の存在に相応した生活意識を持たせるためであった。「自己を語ることば」ということは、第一義的には自分の感覚・感性で物事をとらえるということである。

「個的な生活は決して概念ではない。遺伝を加へた意味に於て個の全経験、感覚の窓を意識、無意識の間に通過したところのものに依存する、歴史的にしてしかも社会的に通過されてゐるところのドットだ。

この意味の生活は次に感覚の窓を、窓の方向が生活を相関的に規定し合ふ。(7)」

私たちは全く裸な感覚というものを想定することはできない。たとえば、目の前にある「赤いバラ」を見るときにさえ、「赤」という色彩に関する観念と「バラ」という花名に関する観念を組み合わせて見ているのである。「赤」という色彩に関して多様な観念を持っている人の目には、単なる「赤」としてではなく「ワインレッド」として映るのであり、同様に単なる「バラ」としてではなく「ヨーロピアナ」として映るのである。まさに「人間的な目は粗野な非人間的な目とは違ったふうに享楽し、人間的な耳は粗野な非人間的な耳とは違ったふうに享楽する」のである。(8)

ところが、事実を事実と結びつける思惟の形式（生活綴方教師は「ものの見方、考え方、感じ方」ということばで語ってきた）が固定的、観念的に形成されるならば、その結びつけ方は事実を正しく生き生きと反映したものにはならない。そればかりか、その思惟の形式にそぐわない事実自体がとらえられないようになってしまうのである。しかもこの思惟の形式は「しいられた『表現』」として子どもの認識の内容を規制していく。生活綴方教育が大切にしてきた「概念くだき」の仕事は、思惟を具体的につかさどる「ことば」を子ども自身のものにしていく営みだと理解することができよう。

『心のノート』と心理主義

ところで、二〇〇二年度から全国の小中学生に文部科学省発行の『心のノート』が配られた。このノートに関してはすでに批判の著論が出版されているので、教育基本法改悪動向との関連や道徳教育のあり方との関連などはそれらに譲ることとして、ここでは本小論との関わりで二つの点から論じてみたい。

第一の点は、特設道徳の時間に縛られず、日常的に「活用」することを目的としたこのノートによって、単に具体的な徳目を具体的に配置しただけでなく子ども自らが「記入」することをとおして「自分のことば」を残る形で（つまり文章として）語らされていることである。小学校三・四年生用の『心のノート』には「わたしの大切な家族」として「あなたにとって、家族とはどんな人ですか。たとえば、ゆき子さんは次のようにまとめました」ということで、「お父さん　いろいろな遊びを知っていていっしょに遊ぶととても楽しいよ」「お母さん、しかることもあるけれど、何でも話せるし、やさしいよ」という例文（?）が提示され、「あなたもゆき子さんのように、まとめてみましょう」という課題が示されている。小学校中学年の子どもにわずか数行で家族の一人ひとりについて概括的に述べさせれば、私たちが批判してきた「概念文」にならざるをえないであろう。これまでも学校現場では「父の日」「母の日」などで感謝の意を表す作文を課題とするようなことが行われてきたが、『心のノート』では単なる概念文というより体系的な道徳教育と深く結んで国家主義的な価値観をあわせて形成しようとするところに注意を向ける必要があるだろう。

第二の点は、心を操作しようとする心理主義的技法の問題である。日本社会心理学会会員の小沢牧子は次のように指摘している。

「心理学者も関与しているし、カウンセリングのメカニズムと似ていますね。自分で語らせる。でも、その考えは自由じゃない、求められている答えがあるんです。それを推測して、自分の言葉で答えに到達するわけです。それが自分自身になるわけです。その方法がうまく使われていて、怖いと感じます。[9]」

ここにある心理学者の関与とは、広く知られているように『心のノート』作成協力者会議座長である河合隼雄らのことを指している。『心のノート』が〈国家主義と心理主義の合体〉によってこれまでにない教材となっているとの指摘は、とくに森内閣以来強力に進められてきた「心の教育」の充実に河合らが深く関与しており、復古的な国家主義を心理学的な技法によって補完しようとする両者の関係に注意を促すものである。河合本人の「民族意識を高めるなどといった意図はありません」という弁解にもかかわらず、河合が復古的な国家主義と密接な関係にあり、その意図のもとに活動をしてきたことを金子隆弘は明らかにしている。[10]そして問題なのは河合が「道徳教育はまだまだ十分ではない。従来の副読本を読んで感想を言って終わりというのになりがちです。そこでもっと子どもたちが主体的に考えられるようにつくりました」という『心のノート』の作成意図である。[11]「主体的に考えられる」というところに、前に述べた概念作文的なメモ（ノート）を記入する方法が採用されているのである。

実はこうした「心」というきわめて個人的・内面的（ある意味では現代的）なものと「国家」（なかんずく復

古的な国家主義の色彩を強く持った）とが結びつくには近年のいわゆる「心理学ブーム」を支えている、あるいはそれが作り出している社会意識が深く関わっている。『心理学化する社会』の著者斎藤環は次のように分析する。

「心理学という枠組みにおける共感とは、要するに心理学的モジュールを介しての共感に過ぎないのではないか。イデオロギーや思想といった『大きな物語』による連帯が退潮しつつあるとすれば、いまや人々は、心理学に連帯を保証する『小さな物語』を求めているのかもしれない。(12)」

佐々木が教育実践を始めた昭和の初期は、大正期以来の「心理学ブーム」が教育現場を覆っていた時期であった。佐々木は子どもを外側から調べ上げる「帳簿を作る教育」に対して、「子供が書いたものを中心に」することにこだわったのは何故だろう。ここに佐々木の生活綴方論の中心テーマである〈子ども把握〉の問題がある。

佐々木は「いかに表現するのか」というより以前の問題に強いこだわりを持っていた。たとえば「作品批評に対する三つの観点」の第一点目として、次のように言う。

「何が素材に構成されてるか──生活全部のうちからどの点だけが素材にまで持ち来たされたかにあつて、むしろ生活自体としての観点であり表現以前の問題である。(13)」

子どもが綴る作品を継続的に見ていた佐々木は、子どもの生活実態を極力理解するとともに「書かれたもの」を「書かれなかったもの」との関係でとらえるという視点を持っていた。それはおそらく二つの点から考えられていたであろう。

一つは、表現がおかれる緊張関係からくる制約の問題である。国家権力による表現への弾圧によって「本来客観的であるべき、そして作者の思想感情の全幅の燃焼であるべき、表現が、どうも信じられなくなる」という佐々木の文学的体験は、公教育の尖兵である教師の持つ権力性に対する認識に向かわざるを得なかった。(14)

二つめは「ことば」が「形式」であるが故に持つ制約である。「悲しかな人間には表現形式を通過することなしに内容を理解されない」ととらえる佐々木にとっては、明確に意識化することによって切り捨てられたもの、形をとらずに意識の淵に沈んでいくものが重要であった。(15)

国家権力による表現への弾圧はともかく、この二つの点は表現にはたえずつきまとう問題である。私たちは本音といわれている部分を表現することを子どもに要求し、そのことが子ども把握に関わって重要であると考えてきた。それは出された本音を「善」であるとか「悪」であるとかの判定をするためではなく、子ども一人ひとりの意識構造（佐々木流にいえば「無」の構造ということになろうか）をとらえるためであった。

このように考えれば、表現されたものは、表現されなかったものとの緊張関係をもって存在するのであり、このような緊張関係を一人ひとりの書き手の子どものなかにどのように生み出すのか、あるいは読み取るのかということが生活綴方としては重要だということになる。北海道の小学校教師太田一徹がいう「一番聞いてほしいことが一番書けないこと、一番書けないことが本当は一番伝えたい思い」という意識を持って子どもとその作品を見ることの大切さである。(16)そして「自分のことばで語る」とは、この二つの制約を乗り越えて問題を前向きにとらえようとする志向性に媒介された物事の把握内容なのである。私たちは生活綴方を学級文集や学級通信、日記などをとおして実践してきた。その根底には「自分のことばで考え」「自分のことばで綴り」「自分のことばで語る」ことが、人間的な共感を生み出すという信念がある。昨年でもう六回目をむかえた愛知サマーセミナーの「大きな学力弁論大会」で語られる高校生たちの様々な体験と思いとを聞いていると、それが私には彼らの発達宣言のように感じられる。教育雑誌でみかける「ことば特集」でよく問題にされるように、人を傷つけることばは巷《ちまた》にあふれている。そうしたことばが、子どもの内面のすさんだ部分と共鳴することもあるだろう。しかし、弁論大会で壮絶な生活史を背景に胸から絞り出すように語る高校生のことばは、ビデオをとおしてすら、多くの聞き手に深い感動を与える。綴方や学校という枠をはみ出して地域に「はみ出す」、はみ出さざるをえなかった佐々木たち、北方の生活綴方教師たち。彼らならこの時代にどのような仕事を作り出すのだろうか。大きな学力弁論大会は確かにその仕事の一つだろう。(17)

注

(1) 大田堯「教育実践におけるリアリズム」『教育』一九六〇年一月号。
(2) 佐々木昂「文学に於ける個性的なるもの」(一九三三年)佐藤広和・伊藤隆司編『佐々木昂著作集』(無明舎、一九八二年)所収、六六頁。
(3) 佐藤学「『個性化』幻想の成立」森田尚人他編『教育学年報4　個性という幻想』世織書房、一九九五年、四六頁。
(4) 汐見稔幸「ことばの死と再生」『教育』二〇〇三年七月号。
(5) 佐々木昂「感覚形態」(一九三〇年)前出書、一三～一四頁。
(6) 同前、一一頁。
(7) 同前、一三頁。
(8) マルクス『経済学・哲学手稿』大月書店、一九六三年、一五三頁。傍点原文。
(9) 小沢牧子・長谷川孝編著『「心のノート」を読み解く』かもがわ出版、二〇〇三年、七六頁。

(10) 金子隆弘「河合隼雄の『心のノート』作成意図」柿沼昌芳・永野恒雄編著『「心のノート」研究』批評社、二〇〇三年、参照。
(11)『週刊朝日』二〇〇二年七月二六日号での発言、同前書より再引用。
(12) 斎藤環『心理学化する社会』PHP研究所、二〇〇三年、一九五頁。
(13) 佐々木昂「作品批評に対する三つの観点」(一九三三年)『佐々木昂著作集』前出、三五頁。
(14) 佐々木昂「『態度』の問題について」(一九三二年) 同前書、四一頁。
(15) 前出「感覚形態」一三頁。
(16) 太田一徹「子どもたちのいまを子どもたちの表現から」『現代と教育』第六四号、二〇〇四年二月参照。
(17) 寺内義和『大きな学力』(旬報社) 同『されど波風体験』(幻冬舎ルネサンス) 参照。

初出　『作文と教育』第五五巻第七号特別号、二〇〇四年六月。

第三部　北方教育の教師群像

一　若き北方教師たち

―教育史のなかの青年教師

多喜二らはかくて死にけり
　我が同志
またかくてもあり独り嘆かじ

花岡泰雲

昭和一六年一一月、国家による権力的弾圧で独房に封じられた北方教育社同人花岡泰雲は、本や新聞を読むこと、ものを書くことを禁じられるという「空腹より苦し」い生活のなかで歌をよみ、出所後その中の一篇を右のように書きとどめている(1)。花岡が検挙される一年前には、佐々木昂、加藤周四郎、田村修二、佐藤忠三郎ら六名の同人が、そして花岡とともに今回は鈴木正之、土門退藏が検挙され獄にあった。最年少の花岡が三一歳、佐々木昂が三五歳になったばかりのときである。

教育実践に人間の真実をもとめて

「現実態としての教育作用は或特定のイズムを前提として行はれてゐる以上―封建制度を支持し或いはその頤使に甘んじなければならなかつた―仮定ではない―時に撰択された極く少数の個及び群以外の総てはその生活慾求と却つて逆転であり、その標識と矛盾し―個性尊重と称しても六年乃至八年間の期限付きだ―甚だしきは応々《ママ》にして否定でさへあつたりする。

権力が保証を与へる公正な虚偽の存在だ。」[2]

佐々木昂は『北方教育』誌への初筆論文「感覚形態」の冒頭にこのような教育批判の一文を配した。宮城の鈴木道太が「カミソリのような切れ味」と形容した佐々木の鋭敏な感覚と思索力は[3]、当時の公教育のありかたばかりでなく、「個性尊重」を唱える教育までも串刺しにしないではおかなかった。小学校教師となってすぐ胸部疾患で休職した佐々木は上京し、土木建築業を営む叔父のもとで働くかたわら、プロレタリア文学運動団体である「労働芸術家連盟」の活動に参加した。同連盟機関誌『労働芸術家』に「松山忍」の筆名《ペンネーム》で投稿した作品には、「軍縮、平和、お祭り会議だ。血税はこうしてお布施になるんだ。あの大砲を見ろよ」[4]といったような激しい調子の政治批判も見うけられるが、「かけ換へ《ママ》のないフンドシの泥を見てくれ、部屋に来ちゃだてぢやないが展覧会だ」[5]、「いよいよ　絶望になつても大きく笑つて見せる仲間の心を　奴等にわかつてたんまるかい」[6]といった、労働者の楽天性を歌いあげた句が同時に見うけられる。したがって、「撰択された極く少数の個及び群」以外の子どもたち（そのほとんどは民衆の子どもである）の生活欲求や論理と矛盾したり、それを否定さえする教育のあり方を批判する佐々木は、同時にその子どもたちの生活欲求と論理に根ざした教育実践の創造に向かわざるをえなかったのである。

このことは、師範学校での教育と生活を通して皇国臣民錬成のための教育の尖兵たることを要求、期待されてきた自己を否定することにほかならなかった。自己否定・自己変革が意識的にされようが、無意識的(権力認識との関わりで)になされようが事態は同じである。むろん、自己を否定せざるをえないときのあの恐れ、出世や社会的位置の向上と縁を切るときのあの不安が彼ら若き北方教師にまったく無かったわけではない。「師範を出たら一年みっちりガン張つて文検を取るぞと発奮」していた斉藤哲四郎は、佐々木昴を訪ねた晩、「もう一回佐々木昴と会へば俺は文検を破棄しなければならなくなる。そして佐々木の謂ふ生活教育を専心しなければならなくなるんだ」と考えた。「文検か生活教育か、まさに二兎を追ふ好漢哲四郎」のエピソードは、「それから一週間目に佐々木昴を訪れて、さて、その後は北教ガンバリめんばあ生活教育人となつたことは言ふまでもないではないか」という結末になっている(7)が、斉藤を一週間の熟慮のすえ文検ではなく、生活教育の方にふみこませたのは何であったのか。また、このエピソードを紹介した同人も、文検を取ると発奮したことが「僕自身も経験はある」と述べているのだが、彼を北方教育にふみこませたのは何であったのだろう。

昭和四年に成田忠久によって創設された北方教育社に集った同人の関心は多種多様であった。文学好きの青年教師が多かったのは事実だが、教育観、綴方観というレベルでは各人多様である。ところが作品研究会での議論を通じて、一つの明確な共通認識が形成されてくるのである。それは子ども観においてである。〝教師は子ども好きでなくてはならない〟とはよく耳にする言葉であるが、若き北方教師たちはそのような抽象的な教育愛をもてあそばなかった。既に佐々木昴が指摘しているように、当時の教育は知的能力に優れかつ国家の期待する操行の良いもの、富裕な家庭のものという「撰択された極く少数の個及び群」の子どもたちのための教育であった。そして教師は、そのような教育をすることでもって全ての子どものためになる教育をしていると思わされ、あるいは思ったのである。かくのごとき自己の存在を否定して、言葉の正しい意味での〝子ども好き〟であるためには「撰択された極く少数の個及び群」以外の子どもたち、なかんずく知的能力の劣った子ども、貧困な家庭の子ども、つまり最底辺にいる子どもを愛することこそが必要であることを彼らは直観的に把握していたのである。だから、彼らにとっての〝子どもの発見〟とは、最底辺の子どもの生活意欲やものの考え方、人間としての真実な心の発見であった。

日曜日記　　丸山金三郎

アサ
ニハハキ（土間をはく）
カヤテノクズカタツケ（かや屋根修理の屑整理）
トリダシ（鶏を籠から外に出す）
ウサギニモノクレル（兎にたべものをやる）
オモテハキ（家の外を掃く）
フルマ
エビスキ（田の蝦を小ざるですくいとる）
クリヒロイ（栗拾い）
アズキモギ（小豆のさやを枝からもぎはなす）

センフリトリ（薬草のセンフリをとる）
バン
ママタキ（ごはんたき）
オツケニリ（おつゆをにる）
ニハハキ（土間をはく）
ミズクミ（飲水を外から汲み運ぶ）
オモテハキ（家の外を掃く）
トリヲイレル（鶏を籠に入れる）
ウサギニモノクレル
イモニリ（馬鈴薯か甘藷を煮、ゆでる）
エビニリ（とってきた田えびを煎る）
フナアブリ（えびとともにとってきた田鮒をくしにさして焼く）(8)

小学校四年生の日記にあらわれた生活を、担任の田村修二は驚きをもって読んだ。

「教室での教科の学習には参加することのできない、しない金三郎、筆や紙にもことかく金三郎、手の指を真黒にしてヒビ、アカギレの金三郎、一度も教師によってほめられたことのない金三郎、頭をなでてもらったりしたことのない金三郎、そのように教師の私の視野から外れていた、いやはずしていた金三郎がこの一篇によって私の視野の中に大きく、はいりこんできた。(9)」

田村は「教育はこの児童のかゝる生活姿相と独立に存して居ていゝか」[10]と叫んだが、これこそが若き同人たちが皆心に持った叫びなのである。

加藤周四郎は、「おちこぼされつゝ、而もすがり附くことさへ無意識的に拒否されてゐる」劣等児の存在が、生活の貧困と「この生活に比して頼りない教育」に起因していることを看破し、「改造されて行く子供観―いわゆる劣等児観―から私はこれ等の子供の魂を把まねばならないのだ。私は劣等児の心の中にも生ゝとした子供の叫びや力強い欲求を見つけたい」と自らの教育実践の方向を定めている。[11]加藤のこのような認識は、もちろん一夜にして形成されたわけではない。新任教師として教壇に立った彼は、自分の話す言葉が子どもたちの頭上を素通りしているのではないかと思われるような空虚な日々を送っていた。その虚しさを打開するために、加藤は新聞紙の縁の余白を切りとった紙に日記を書かせることからはじめた。紙にも事欠く子どもが多かったからである。毎朝、机の上に集められたほそ長い日記を読むことで何とか子どもの生活をとらえようとしたのである。更に、近隣の村に教師であることを隠して農業労働者として働き、農民の生活自体を経験し、知ろうと努力している。[12]こうした苦闘のなかで自己の実践を確かなものとする活路を見出してきたのである。

人間の真実で結ばれた集団

これまで若き北方教師が子どもをとらえようと務めた姿をみてきたが、そこには子どもを生活現実、教育や社会、人間性とのかかわりで理解しようとする姿勢があらわれていた。したがって彼らは、単に直接的な教育実践上の工夫、努力だけではなく、哲学、経済学、文学の書物をむさぼり読み、広く教育とは何か、生活とは何か、人間とは何か、という問いを持ち続けざるをえなかったのである。彼ら自身が若く、自らの生き方をもそのなかで求めていたことは改めて述べるまでもない。そして、一人ひとりが飽くなき真実の探求者であったが故に、その集団的結びつきは更に高い真実を生み出すことができたのであろう。佐々木昂は「組織のなかでこそ人間はきたえられ、人びとの考え方は進歩する」[13]とくり返していたが、彼自身、「リアリズム綴方教育論」について「これこそ査問会みたいな」批判を日曜会（北方教育社の定例研究会）であびせられている。

「日曜会の外でも私翰で、プリントで、活字でうんとたゝかれた。しかしたゝいてくれた人たちも一様にこの論を『私』の単なる試論としてゞなく『私たち』のものとして考へてくれ、協働者として態度してくれたのであつた。[14]」

また、鈴木正之が佐藤サキという女子児童の進路についての悩みを綴った「職業」という作品を持ちこんだとき、同人たちは自分の受け持ち児童のような親身さを示している。それは北方教育社同人たちの結びつきが、単に綴方論の研究、教育論の研究といった機能的なものではなく、生活レベルまで含めた全人格的なものとなっていたことを示している。子どもとの関係がそうであったように、彼らは言葉や行動のはしばしにお互いの生活と生き方を読みとり、結びつきのパイプを太く豊かなものにすることで個々の教育実践を確かなものとする「正路を開拓[15]」できたのである。

エピローグ

「零時すぎ秋高に向かった。服装の自由化をかちとった生徒たちが、殆ど上着なしに学校の坂を降りてくると、タクシーの運転手は『格好がだらしないな』とひとりごとのようにいう。同じものを見ても、人それぞれに変わった見方があるもので、自分にはやはり制服を脱いだ自由な姿の学生たちが、好ましくこの制度をとってよかったと思うのである。[16]」

花岡泰雲六六歳の日記の一部である。北方教師たちは既に七〇歳を越えているが、何げないこの一節にかれらの若さを読みとることができる。現在なお、彼らは執筆や教育、社会活動に旺盛な活力を示している。

北方教師たちの若き日の真摯な真実の探求は彼らの精神をどこまでも若くし続けている―北方教師と交わって深く感動させられることである。

注

（1）『雲―花岡泰雲を偲ぶ』同刊行委員会編集・発行、一九八三年、二七五頁。
（2）佐々木昂「感覚形態」（一九三〇年五月）佐藤広和・伊藤隆司編『佐々木昂著作集』（無明舎、一九八二年）一一頁。
（3）国分一太郎「北方教師の群像」管・海老原編『日本教育運動史3』三一書房、一九六〇年、八五頁。
（4）佐々木昂「街と工事場」（一九三〇年三月）前出著作集、二三七頁。
（5）佐々木昂「下水掘鑿」（一九二九年一〇月）同前、二三五頁。
（6）佐々木昂「疑獄と俺たち」（一九二九年十一月）同前、二三六頁。

(7)無署名「北方の曲（二）」『北方教育』第一六号、一九三六年二月、九～一〇頁。
(8)田村修二「亀田の子どもとともに」北方教育社同人懇話会『北方教育―実践と証言―』東京法令、一九七九年、六七頁。
(9)同前、六八頁。
(10)田村修二「児童生活の農村に於ける在り方」『北方教育』第一五号、一九三五年五月、一八頁。
(11)加藤周（加藤周四郎の筆名）「『綴方と劣等児』小考」『北方教育』第七号、一九三一年六月。なお、筆者は加藤のこのような把握が教育実践に反映したことを学籍簿を手がかりに分析したことがある。筆者稿「北方性教育運動に関する一試論」三重大学教育学部紀要第三〇巻第四部、一九七九年参照。
(12)加藤周四郎『わが北方教育の道』無明舎、一九七九年、一五頁。
(13)国民教育研究所編『北方性教育運動の展開』日本教職員組合、一九六二年、一一二頁。
(14)佐々木昂「リアリズム綴方教育論（三）」（一九三五年五月）前出著作集、七六頁。
(15)『北方教育』誌創刊宣言「吾等が使命」。
(16)『雲―花岡泰雲を偲ぶ』前出、七六頁。

初出　『教育実践』第四三号、一九八四年七月。

二　佐々木昂

―貧困にあえぐ地域と子どもをリアルにみつめた魂の技師

子どもと泳ぐ

「パンフレットの写真を見て、初老になった私の脳裏にはっきりと甦える。『カッパ先生』の由来は、放課後、わたしたちとバスケットボールなどで遊んでくれ、右に左にうれしそうに走り回り、ジャンプするたびに髪が乱れ、額にたれ下がるさま、ボールをおう目が丸く輝く様子がカッパに似ていると、だれかがつけたものである」

これは『佐々木昂著作集』（無明舎）を書店でみつけた土崎小学校時代の教え子が、秋田魁新報に投書した記事の一部である。

佐々木昂といえば、長髪をかき上げながら鋭い眼光で「カミソリのような」切れ味の理論を述べる北方教育の闘将として知られている。しかし土崎小学校の子どもたちからは「カッパ先生」というあだなをつけられた変わった教師であった。現在七〇歳近くなっている教え子たちは、佐々木について次のような思い出を語っている。

「子どもといっしょになってボール投げをしたり、はねまわっていた。自分も真剣になる先生だった」

「油もつけないで生徒といっしょになってはねまわるから、髪がバサバサっていってただ。だから、おらたちはカッパ、カッパって呼んでただ」

「黒板の下の台（教壇）にのぼってはめったにあいさつをしない先生だった。そのころの先生にしては珍しいので覚えているのだが、生徒のわきを歩きながら、机のあの狭い間をいったりきたりしながら授業をしていた」

佐々木は土崎小学校の同僚で、北方教育社同人の花岡泰雲から「過度の自由主義者」と評されている。高等科で佐々木の教え子をひきついで担任することになった花岡は、「活発な反面しつけができていないので困り、佐々木に文句を言った」ことがあったという。花岡によれば、それは佐々木が「子どもの心理をつかむことを重視していたため」であった。佐々木が「理論家タイプ」で授業が下手だったという従来の佐々木の像とは違った考えを花岡はしている。

教壇の一段高い所から見下ろすような授業をめったにしなかったこととあわせると、佐々木が生活綴方で子どもを理解することをたえず強調していたことが、実践家の思想として私には伝わってくる。

雑誌『教育』が一九三八（昭和一三）年に企画した「生活教育」座談会の席上、佐々木は北方教育の教師たちが生活綴方教育を提唱した時の事情について次のように述べている。

「環境の調査を綿密にやつたり、個性教育といふことを真似たり、子供をグルグル取り巻いて調べ上げて帳簿を作る教育が一世を風靡して居つたのです。子供がどういふ気持を持つて居るのか、どういふ関心が子供に一番大事かといふことは全然顧みられないで、グルグル巻いて綿密に調査して居つた。そこで僕等はどうしても子供の書いたものを中心にして行かなければ駄目だと思つたのです(1)」

授業で綴方をあまりしたことがなかった子どもたちも、「先生が真剣だったから、生徒も夢中になってやった」と思い出を語るほど詩や綴方に熱中した。

魚屋の子どもが作った詩、

「海辺にいる日
　波にも力がある」

を、佐々木は「大作だ。この『波にも力がある』ってところが立派だ」としっかりほめたことを、作者本人ではない子どもが覚えていた。級友が作った詩と教師の批評を、五〇数年後に呼び起こさせる教室の響き合いは何ともすばらしい。この教え子も自作の詩がある。

「冬には北風がつよい
　日本石油会社の帰り道
　それにむかっていくと

「馬のたてがみがとぶ」

いつもおこられてばかりいた彼はこのとき佐々木がはじめてほめてくれたことともに、この詩を覚えていたのである。

佐々木は土崎小学校に赴任すると水泳部を作り、飴だまで子どもをはげましながら、自分もいっしょによく泳いだ。浜辺育ちの佐々木は泳ぎが得意であった。水にぬれた長髪がぱさっと前にたれ、また「カッパ先生」のあだなを確かなものにした。土崎小学校にはプールがなかったので、佐々木たちは将軍野にある遊園地のプールにでかけて泳いだのだが、この遊園地の管理人は『秋田文芸』誌の同人竹内瑛二郎であった。

アンドレ・ジッド的なもの

佐々木昂《ささきこう》は、一九〇六（明治三九）年秋田県由利郡松ヶ崎村に生まれ、治安維持法による不当弾圧で胸を病み、三七歳の若さで亡くなった北方性教育運動の理論家の一人である。

胸部疾患のため教師をやめた佐々木は、東京で土木建築業営む叔父を頼って上京している。約一年の東京生活中、叔父の仕事を手伝いながらプロレタリア文学運動の一団体である「労働芸術家連盟」の活動に参加した。この上京期間中の文学活動や生活について、佐々木はほとんど人に語っていないので詳しくはわからない。文壇への道をこころざしながら挫折して秋田に戻り、教壇に復帰したとする見方もある。

これまであまり知られていなかったことだが、佐々木は秋田に戻って北方教育社の同人になり土崎小学校に勤めていた一九三一（昭和六）年、土崎に本拠地をもつ同人誌『秋田文芸』に加わっている。

周知のように土崎は小牧近江、金子洋文らによる「種蒔く人」発祥の地であるが、『秋田文芸』はプロレタリア文学というよりは、新感覚派にひかれている文学青年たちによってつくられていた。佐々木はこの同人誌にはいるとすぐ編集活動に関わるようになり、また評論や小説も書いている。「労働芸術家連盟」の機関誌『労働芸術家』には〈松山忍〉、『北方教育』などの綴方、教育誌には〈佐々木昂〉というペンネームを使い分けていた佐々木（本名は太一郎）は〈近藤六郎〉という筆名で『秋田文芸』に執筆した。

そして、近藤六郎名による論文「ジヤーナリズムと文学」のなかで「秋田の文芸は何よりも先ず秋田の文芸」でなくてはならないとして、みずからの足場の確認をしたうえで「文学に於ける個性的なもの」では、次のような注目すべき論を記している。

「『秋田的なる』個性を深めることによつてのみ全国的乃至世界的な普遍性に昂まろうとする。個性に徹することによつて普遍性を獲得する。これが文学の弁証法的性格である。(2)」

ここにみられる発想にはアンドレ・ジッド（André Gide）のそれと近いものがうかがわれるのだが、現在のところまだ私には論証できない。が、この個性と普遍性の関連づけは、たんに文学の問題として述べられているだけではなく、佐々木の教育論にとっては基本的な枠組みとなっているのではないかと思われる。佐々木は「或特定の子の個性が世界のどの書にも印刷されていないといふ今更らしい個性の発見」に感動したが、この感動は決していわゆる子どもの「純真」の発見などでないことは確かである。

「○児童といふ存在に定義を與へようとする憂鬱な学者がある

○子供つて小便たれるもんだが直ちに以て神様にしたがる教育者がある

曰く純真、曰く明朗、曰くリズミカル、曰く夢

○これで教育家の、指導者の不必要論が出ないのが不思議だ

○不純なものが純真なものへ、人間が神様へ物を教へる時がきたのだ」

佐々木の書く論文は、難解で、言葉づかいも固く（「感覚形態」あるいは「リアリズム綴方教育論」がその典型とされる）、佐々木が観念をもてあそんでいるかのように受けとめられることがある。

しかし彼は徹底したリアリストの目でもって教育を見つめており、児童尊重、個性尊重をうたう多くの論のまやかしを鋭く見抜いていた。「小便たれる」子どもの個性を伸ばしてやれるのか、いや、そもそもこんな子どもに個性を発見しようと思うのか？「選択された極く少数の個及び群」の子どもの生活欲求にだけ合致した教育をしながら、すべての子どものための教育をしていると錯覚している教師が多い。だから、貧困な生活のなかで自分というもの、自分らしさというものをなかなか発揮できないでいる子どもをどうつかむのかという点に、つかめるように教師が自己をいかに変革していくかという点に佐々木の目はそそがれるのである。

佐々木のリアリズム論は〝子ども把握〟を契機とした〝教師の自己変革〟論が基軸に据えられるという特徴をもっている。

地下百尺の思想

「北方性の提唱は超階級的な、無場所的な教育的思考の原野への反逆で、ぶちこわしの火の手で、教育思想のコペルニカス的転換である。」

東北六県の綴方教師たちは、一九三四（昭和九）年末、北日本国語教育連盟を結成したが、北方性のとらえ方をめぐってさまざまな意見が対立していった。北方性を南方性との対比で立論する動きに対しては、東北以外の教師たちから疑問や批判がよせられた。

そのなかで佐々木は、ジャーナリスティックな議論を排し、綴方を足場とした生活教育の建設、綴方教師から地域の教師への脱皮という方向で北方性論争をまとめようとした。

ところで秋田だけでなく東北六県の綴方教師たちにとって一大転機となった一九三四（昭和九）年は、佐々木個人にとっても転機となった年である。『北方教育』誌第一四号の「スペシヤルルーム」には次のような記事がある。

「佐々木昂（由利前郷）

直情径行

今春三月、元老小笠原の逆鱗にふれ、七月豈はからん抜擢昇給、ちょっと自分でもわからんで居るらしい、北教社には一学期間無欠席出勤、どこかに汽車賃だけのパトロンが居ないか」

北方教育社にとってこれから重要な時にかかるという矢先に、佐々木は由利郡の前郷小学校に転勤させられた。現在の列車でも、前郷から羽後本荘まで二〇分、本荘から秋田まで一時間かかる。時が時だっただけに、佐々木が受けた精神的ダメッジはかなりのものであっただろう。しかし、この前郷への転勤がひとつの転機となったことは確かである。

まず、由利郡には北方教育同人の間では「由利学派」とよばれるひと味違った実践家たちが集まっていた。北方教育社主の成田忠久から「実践一本でいけ」と期待された鈴木正之は、あいかわらず大きな鉄筆だこをつくりながら文集をガリ切りしている。いつも元気なエスペランチスト、佐藤忠三郎はローマ字で学級文集をつくっている。そして、佐々木の女房役といわれた田村修二は日記で子どもたちの生活をじっくりとつかんでいた。

この青年教師たちと「由利放談会」という名の地域サークルで交わりながら、佐々木自身が地域の教師として自己の生き方を固めていったのではないだろうか。

また、佐々木は土崎では受け持たなかった高等科を前郷では持っている。鈴木正之がもちこんできた佐藤サキの綴方「職業」をめぐっての議論で、「大きな生活勉強」をさせられた佐々木は、自分の教え子たちが進路決定にあたって夢と現実の葛藤にあえぐ姿から地域を見つめなおす機会もあったろう。加えて、教え子たちは卒業後も文集をつくるなどしながら佐々木のところへ出入りし、自分たちの働く現実を語っていた。佐々木も積極的に地域にでていきながら、地域を変える実践の難しさにぶつかる。

「どれほど現在の農村の人間関係が込みいつて、そして伝統的で感情的で、それが又ぞつとするほど封建的であるか、一緒にあの飯を食ひ、松脂をいぶしたろばたの藁むしろにあぐらをかいて見なくてはわかるまいと思ふ。[3]」

自ら「魂の技師」と自認していた佐々木であったが、「複雑極まる家庭の中に織りなされてゐる人間の魂の技師になることは実に至難な業」であり、「今の世代の教師にはほんとうの意味で地下百尺の思想が必要である」ことを実践を通して把握せざるをえなかったのである。[4]

佐々木はきたるべき弾圧を予測して、自分宛ての手紙を納屋の梁に結びつけて隠した。自分との関係で他人が連座するのを恐れてのことからであろう。その佐々木が、西原慶一の「君の位置はもはやどこに居らうと地方的なものでなく日本的なものだ。東京にこないか」という誘いを断ったときの心境はどんなものであったのか――私と佐々木との対話はまだつづく。

（付記）

一　土崎小学校の教え子の証言は、木村美奈子氏（当時三重大学学生）の聴き取り調査によるものである。ここに記して感謝の意をあらわしたい。

二　佐々木が隠した書簡は、戦後成田忠久のもとに渡り、他の綴方教師たちから寄せられた書簡とともに北方性教育を書簡で綴るという構想のもとに編集された。成田の急逝によって未完となったこの仕事は、秋田大学教授・戸田金一氏らの努力によって刊行されることとなった。成田忠久監修　戸田金一・太郎良信・大島光子編著『手紙で綴る北方教育の歴史』教育史料出版会、一九九九年。

注

（1）「『生活教育』座談会」での佐々木の発言『教育』一九三八年五月号。

（2）佐々木昂「ヂヤーナリズムと文学」佐藤・伊藤編『佐々木昂著作集』三九頁。

（3）佐々木昂「村落更正に態度する」前出著作集、一六七頁。

（4）同前、一六八頁。

初出『現代と教育』第六号、一九八八年四月。

三　「知識の伝達者」から「魂の技師」へ
―北方教育と佐々木昂

まだ残雪の消えぬ秋田県由利郡前郷で、佐々木は「左遷」の悲哀をかみしめていた。活気に満ちた港町の土崎小学校から、いきなりこの静かな農村に転任になったのだ。県教育会の実力者M視学にかみついたのがよくなかった、と周りの者たちはなぐさめてくれた。しかし佐々木には、転任の理由などは今更どうでもよかった。何よりも、この一九三四（昭和九）年という、秋田と東北の北方性教育にとって重要な時期に北方教育社の根拠地秋田市を離れなければならないことが打撃だった。社主の成田忠久も、右腕と頼む男をもぎとられたショックを隠しきれない手紙を書いてきた。東京の西原慶一も、「君は秋田だけの君ではない。日本全体に活躍するために、東京へこないか」と便りをよこしたが、きっぱり断った。しかし多くの仲間が励ましてくれるのは何よりも嬉しかった。「ここに根を張って実践しよう」――そんな気持がようやく沸いてくるのだった。

前郷尋常高等小学校一年目は尋常六年生の男組を担任した。隣の女組は同じく北方教育社同人の土門退藏が受け持っていた。

教室にペンキ缶をぶらさげて来た佐々木を子どもたちは興味しんしんと見た。黒板に向かうと、その右端にペンキでしっかりと書きそめた。

「自発、共同、貫徹」

絶対に消すことができないようにペンキで書かれた三つの言葉が、六年男組佐々木学級の学級目標だ。「過度な自由主義者」と土崎小学校時代に評された佐々木は、なんと言われようとも、「自発」を目標の第一に掲げたかった。

「作品、芸術の存在しない以前にも人間行動―生活があり得たし、芸術から人間生活がスタートしたといふ様な非常識は発生する余地がない。(1)」

この芸術についての見解は、全ての事に通ずる。一人ひとりの人間が、自発的に生きてこそ社会は発展するのだ。自発性や個性を抑えて、管理や訓練に走るのは断じて教育ではない！

土崎小学校時代、佐々木は「カッパ先生」というあだ名を子どもからもらっていた。子ども達とバスケットボールをする時、トレードマークの長髪が汗で額にはりついて川からぬっと頭を出したカッパのようになるからだった。佐々木は胸を病んで以来、健康については過度なくらい神経質になっていた。前郷に来る前年に病気をした時も、葡萄を食みながら「死ぬかもしれない」と感じたことがあった。それでも、いやそうであったからこそ佐々木はスポーツが好きだった。由利郡松ヶ崎の浜で育った佐々木は得意の泳ぎで土崎小水泳部を指導した事もある。しかし農村の前郷には泳ぎに適した場所がない。「ならば」と佐々木はサッカーボールに荒縄を巻きつけた。なかなか思うようにはいかないが、それでも何とかそれらしくなった。

「先生、それ何だべ」

佐々木が手にしたものを子どもたちは首をかしげながら見た。

「これはな、ラグビーのボールだ。敵のゴール、あそこの線だ。あそこまでかかえて走って行って地面につければいいんだ。ぶったり、かみついちゃなんねが、敵のボールさもぎとってとにかく走れ！」

ただでさえ力をもてあましている子どもたちは、もうすっかりうれしくなってしまった。身体が大きくがっしりした春三は「よし、みんなはねとばして走ってやる」と身構えた。俊敏な定四郎は、敵をいかにかいくぐるか作戦をねった。子どもたちは何よりもこまごまとした規則《ルール》を言われなかったことがうれしかった。

「過度な自由主義者」と評された佐々木ではあったが、子どもたちが自主的につくりあげていく規律は重視した。学級裁判はそのための機関である。裁判の概要を教えると、あとは子どもたちが必要に応じて随時開いていった。

高等科になって男組、女組は同級になったが、一年間の指導の成果は男組の生徒をとおしてひきつがれていた。

今日の学級裁判の裁判長は定四郎、検事は春三である。被告は学級の一女子生徒である。春三の読みあげる起訴状によると、彼女は淫らな行為をしたという。証拠は、淫らな行為の結果を示す彼女の生理である。彼女が初潮を迎えたことを、学級の男子生徒に知られてしまったのである。男子たちは彼女が淫らな事をしたから生理になったのだと固く信じていた。確かな証拠を握った検事は、勝訴間違いなしと得意満面だったが、結果は男子生徒の女性の生理現象に関する無知をさらけだしただけであった。当時は（現在も多くは）女性の生理については女子生徒のみに教えていた。男尊女卑の風潮のなかで、男子生徒が女子生徒の生理現象を理解していたわるという発想はでようがない。生理現象は単なる好奇心の対象でしかなく、したがって検事が考えたようなとんでもない考え違いがでてくるのであった。女子生徒たちから女性の生理に関する「授業」を受けた男子生徒たちは、自分たちの無知にしょげかえった。判決を出すはずの裁判長と、何も追及できなくなった検事が男子生徒を代表して被告にバツ悪そうに謝った。

職員室で今日の学級裁判の展開を予想して一人ニヤニヤしている佐々木に、同僚の教師が「佐々木先生、今日の裁判は何すか」と尋ねた。「なに、男だちが女だちに性教育を受けているだけす」という答えに眼を丸くする同僚の顔をみて、佐々木はまたニヤリと笑った。

佐々木はこうした反面、非常に厳しい教師でもあった。「農業」の時間などで仕事をさぼっていたり、授業中に騒いだりすると容赦なく青竹がとんだ。

「勉強したくないものはしなくても良い。しかし、人の勉強の邪魔をしたり、仕事をさぼるのは許さね。」

これが佐々木の信条だった。試験の時にどうしてもわからなければ、辞書や参考書を見るのも自由だった。しかし不思議なことに、どうやってわかるのか、見た所は点数がちゃんと引いてあった。

「今に月に人間が行くようになるんだ。」

こう佐々木が言った時、子どもたちはみんながポカンとした。汽車にも船にも、まして飛行機にも乗ったことがない子どもたち、ドイツのV型爆弾がようやくイギリスに飛んでいく時代である。佐々木は科学と技術の進歩にいつも眼を向けていた。今は軍事を中心に発展している科学・技術が、近い将来自分たちの世界をもっと拡げることに使われるようになるのだろう。そんな時代に、今の学校教育の内容が耐えうるものだろうか。佐々木は毎日の授業をしながら、この疑問を消し去ることができなかった。だったら、今、生き抜く力をしっかりつけてやりながら、将来を見通す自分で学ぶ力をつけてやらねばならない。こう考える佐々木は、由利郡の教師仲間にエスペラント語の話を聞いて勉強したり、『生活学校』誌の発行元である厚生閣が出しているエスペラント葉書を買った。教え子に便りを出す時にはこの葉書をよく使った。卒業してそれぞれの職場ですり切れそうになって働いている子どもたちに、「世界は広いんだ。おまえの世界をもっと拡げろ」と訴えかけるように…。

佐々木は、卒業してからも級友誌『ポプラ』を作っている教え子たちがいとおしかった。何度も原稿を催促されながら不義理をして、ついには満蒙開拓団義勇軍供出の会議の最中に、メモをとるふりで内職をして原稿を書いた。いよいよ厳しくなる時代状況と、それに比例して忙しくなる仕事のなかにあって、教え子の成長ぶりを見るのは何よりも嬉しかった。

「皆大きくしかも立派になったな。それは体と着物だけの話しではない。この書かれた文の伸びたことにびっくりする。それだけ心が成長してゐるのだ。[2]」

『ポプラ』を改題した『栗』一九四〇年一〇月号を手にした佐々木は思わずふきだした。「よもやま雑記」のコーナーに「ペン・ネーム」という記事を見つけたからだ。

「自分の書いたもの等を、こうして多く《(ママ)》さんの人達の眼前に送られ、直接自分の名前を書き記るされることは、場合によっては非常におっくうな気がする。(中略)諸兄、姉よ、なにも　おっくうなことはない。自分の本名から、二字以上を拾ひ、ペンネームを作って下されば直感的な嫌気を感ずることがない。」

何のことはない。ペンネームのすすめである。自分が本名の太一郎より昴という筆名を愛し、他にも松山忍、近藤六郎等の筆名を使って書いていた（むろんその名は言わなかったが）事を話したのを覚えていたのだ。「よし、今度は級友誌用のペンネームを作って何か書いてやろうか」などと考えながら、先の「手紙に代へて」を書きあげた。しかし、次の原稿を書く前に、一九四〇年一一月二〇日、佐々木は不当弾圧により逮捕されてしまった。「手紙に代へて」の載った改題『とろろ芋』一二月一日号の編集手帳には、恩師を連れ去られた驚きが記されている。

「佐々木先生には丁寧な原稿を肉親的内容を豊富ならしめて書いてくれた。
本誌は絶対、何人といへども他人に見せてはいけない。罰刑に処せられる。」

(付記)

本稿は伊藤隆司著「『知識の伝達者』から『魂の技師』へ―佐々木昂」(上)(下)の続編として書いたものである。『どの子も伸びる』一九八二年三月号、四月号参照。

注

(1) 佐々木昂「感覚形態」佐藤・伊藤編『佐々木昂著作集』無明舎、一九八二年、一二頁。

(2)「手紙に代へて」前出『佐々木昂著作集』二七三頁。

初出 『どの子も伸びる』第六巻第七号、一九八二年一〇月号。

四　鉄筆だこに子どもの生活の必要を刻む
―北方教育社・鈴木正之

［経歴］一九〇九年八月、北海道小樽市に生まれる。一九二九年、秋田師範学校を卒業後、由利郡金浦尋常高等小学校に勤務、四一年一一月の北方教育社同人第二次検挙で不当弾圧を受けるまで同校訓導。

［業績］北方教育社同人のなかにあっては、着実な実践家であり、北方教育が「作品処理」は「生活処理」であるとして全面的な生活指導実践に移行する契機となった「職業」（佐藤サキの綴方）の指導者。文集『豆』、『はまねこ』は当時から高い評価を受けており、他方、「綴方教師態度論」（『北方教育』第一六号）は北方教育後期の生活綴方論を知るうえで重要なものである。

［文献］『鈴木正之北方教育著作集』（同書編集刊行委員会、一九九二年）、北方教育同人懇話会編『北方教育―実践と証言』（東京法令、一九七九年）、戸田金一『秋田県教育史北方教育編』（みしま書房、一九九二年）、高井有一『真実の学校』（新潮社、一九七九年）

背中に「ガチャン」と施錠の音を聞いた鈴木正之は、はじめて我に返った。

一九四一（昭和一六）年一一月二九日、まだうす暗い朝五時に官憲にふみこまれた。オロオロする妻。治安維持法を楯に父を奪いに来たとはわからず、多勢の不意の来客にはしゃぎまわる一歳半の我が子が不憫であった。そのまま駐在所へ、そこから本荘の警察署へつれていかれ、監房に押し込められたのである。混乱しきった頭にも、施錠音は確かな一つの現実を示していた。「ジャイ」（ジャイアントの略）の愛称をもつ長身をおりまげる様に頭をかかえこむと、はじめて自問自答が許された。「おれは、何か悪いことをしたのか?」

鈴木が師範を卒業して赴任した金浦尋常高等小学校は、漁村の学校であった。

水曜日の全校朝会で鈴木は異様な光景に出くわした。朝礼台に登った校長が、指揮棒のようなガラス棒を静かに右に動かした。すると、全校生徒が一斉に「イー」と唱える。今度は下に動かす。「アー」。八〇〇人の子どもが一本のガラス棒に操られてア、イ、ウ、エ、シ、ス、チ、ツを唱えるのである。

東北地方では県単位で方言矯正運動が展開されていた。学校には「東北発音矯正法」なるテキストが配布され、東北なまりはもちろん、方言は悪い言葉として撲滅の対象とされていたのである。

子どもは教師に対して標準語と敬語の組み合わせで話すことを強いられていた。普段使い慣れない言葉使いにつまってしまうと、最初から言い直しである。当然のことながら、子どもと教師の関係は疎遠なものになりがちであったが、一般にはそれは師弟間の礼節のあらわれとして受けとめられていた。

「ドシヂャンベ、ナシタド。チキショ。マンチマンチ」と、教室で言ってやると子どもたちは笑いこける。それほど教室では方言が不自然なのである。しかし、一度教室から出ると方言は少しの不自然さもなく使われているし、教師の耳にさえさわらない。

「コトバは、生活が必要としているもので生活運転の道具だ。その生活語を方言ということで蔑視する教育は、自分のコトバに対する、ひいては生活に対する劣等感に拍車をかけ、生活姿勢を萎縮させることになるのだ。」

若輩ながら国語科研究主任である鈴木は、校長に「教科書コトバ絶対視」をやめるよう説得したが、校長はただ「方言撲滅の学年別配当を至急作れ」と繰り返すだけであった。

北方教育社同人のなかでは「由利学派」といういい方があったが、確かに由利郡の若い教師たちの教育実践にはひと味違ったものがあった。鈴木は、この「由利学派」の集まりである「由利放談会」で憤懣やるかたない心の内を話した。

「大体この国のコトバはおかしいんだ。農業用語なんか難しくて、農民にもわかんないもんな。」

「法律にしても学術用語にしてもよ、一部の官僚がそれでもって君臨するための道具になってる。」

「西田幾多郎先生の本も、ローマ字で書いてもらったら、うんと分かりやすくなるだろうな。」

コトバの問題に敏感なのは、「由利学派」の特徴の一つだった。「ローマ字ニュース」を作り、教室に緑星旗（緑は平和を表し、星は希望を表すエスペラントの標識）を飾っていた元気者の佐藤忠三郎も、戦争準備の風潮が強まり、日本が最高によい国であるという国粋主義的独善性がはびこるなかで、エスペラント語を通じてもっと視野の広い国際感覚を培いたいとのひそやかな願望をいだいていた。

仲間と話し合うなかで鈴木は実践の意欲をかきたてられていった。金浦小の同僚で北方教育社同人の木村勇助に学びながら、ローマ字やカナモジの指導に取り組んだ。ローマ字で書くと、むずかしい、チンプンカンプンのコトバは使われない。あやしげな生活語は綴りから拒否される。みんなが安心して接して、どんどん、やさしい正しいコトバで知識を吸収できるのである。

しかし鈴木は方言（生活語）を絶対視しなかった。それは、他地域へかり出されてゆく青年・壮年達が交通にひどくハンディキャップを持つ方言や、そんな方言を背負っている生活を、働く現場に持ち込むのが非常に不利であることを知っていたからである。方言は、「生活必要」にしっかり支えられて体臭化しているのだから、それを無理に剥いで標準語をペタペタ貼りつけるのは意味のないことだ。体臭化した方言を剥いだら、その代わりの言葉を体臭化しなければならない。そのためには、単なる言い換えでなく、その言葉を必要とする生活のなかでもみあげ、しっかり日常性を持たせることが必要なのだ。

生活の必要に即する指導—これは鈴木の肉体化された思想であった。彼は今夜も宿直室で鉄筆を刻んでいた。綴方教師の勲章である右手の鉄筆だこは、夜なべ仕事も苦にしなかった。左手は、茶碗の酒をさかんに口に注ぐ。一升瓶が空になる頃、ガリ切りが終わるのが常であった。

少し酔ってますます鋭敏になる頭は今日の送別会を思い出していた。学級の人気者の敏郎が樺太へ転校するのだ。別れを惜しんで会の最後に皆で寄せ書きをすることになった。いつも置き忘れられたように椅子に座り、綴方といえば義務的に、判読さえ困難な五行ばかりを出す弘は「敏郎君元気でがんばってくれ。おれのたのみです」と書いた。同類の友助も「敏郎君と僕たちとわかれるということはざんねんです」とはっきり書いた。仲のいい敏郎と別れるという現実が、この子どもたちに今までにないこんな言葉を、こんな文字を生産させたのだ。いままで仲間として生活してきた弘も友助も、これだけは書かなければならなかったのだ。

言葉は、現実の生活が要求する必要によって、目的的に、意識的に、ただ使用されるだけだ。生活が言葉をえらび、生活が言葉を統制する。こうした言葉が文字の姿を借りてはじめて文が生産されるのだ。

「内容が形式から、又その組み合わせから生ずるといふロヂックは一見科学的に見えるが発生的に見て文学理論としては不当である。これは虚偽への可能を意味する。」

佐々木昂が『北方教育』第三号に書いた「感覚形態」の一節が思い出された。正之は切り終えた原紙をどけると原稿用紙を取り出した。北方教育社の財政困難のためリーフレット版になっていた『北方教育』の一九三七年四月号の編輯を一切まかされていたのだが、まだその原稿を書いてなかったのだ。

自分が書くことは、いや、書かねばならないことはただ一つだ──綴方は現実の必要に立って書かれ、指導されなければならない。

単なる綴方教師から、綴方を足場とした地域の教師、生活の教師への脱皮を主張した「綴方教師解消論」は、肝心の足場である綴方の指導をおろそかにすることになりがちであった。また他方では、綴方を表現技術の指導に矮小化する動きもでていた。そんな仲間のなかにあって、正之は憤りを覚えずにはいられなかった。「綴方教師態度論」──几帳面な字で題目を記すと、後は一気に書きあげた。

「子供の綴る必要は、たしかに現実の生活に根を張つてゐるか──これが第一の指導だ。」

「その必要を表現する道具の言葉を的確にえらび、有効に統べたかどうか──これが第二の指導面だ。」

「綴る必要を要求する生活そのものは、勿論、綴る姿勢、綴る方法の決定的な規定である生活そのものと同伴して指導される。これは第三の指導面である。」

「生活必要のない綴方作品は単なる排泄物である。」──酔いも手伝って時々語調が激しくなる。それを抑えて筆を結んだ。

「生活教育教師は、教育の総量で子供の生活を築き上げて、これを綴る力のエネルギーたらしめる。綴方の窓からは、綴る姿勢と生活技術を叩き上げて、これを必要とした生活を充足させ、そして生活を正しく強く進めてやる。―という態度をとるだろう。」

この肉体化された思想に基づく指導を、特高はことごとく「窮乏・困苦の生活現実を観察細叙せしめて資本主義社会の欠陥に触れしめ、欠陥原因及克服の方法を探求せしめ」「コミンテルン及日本共産党の目的遂行の為にする行為を為した」と決めつけ、裁判所は正之に有罪判決を言い渡した。しかし、子どもの生活必要に即する指導を弾圧した時の権力が国民に強いた「必要」が、どんな結果をもたらしたかは歴史が示すとおりである。

初出　『どの子も伸びる』第六巻第六号、一九八二年九月。

第四部　フレネ教育と日本の教育

一　生活綴方とフレネ教育の交流

生活綴方とフレネ教育の直接的な交流は、平凡社から出版された『世界の子ども　フランス編』における協力関係から始まったと思われる(1)。

日本作文の会の機関誌『作文と教育』誌上には、一九五五年から五八年にかけて両者の交流の軌跡を示す数編の論文が掲載されている。この交流の中心人物であるアンリ・フロッサールは次のような注目すべき発言をしている。

「私が『世界の子ども　フランス編』(平凡社刊)のために、子どもの作文をあつめたときに、深刻な困難の一つになったのは、作文の社会的な性格についてのあなたがたとの考えかたと、自由作文教師の考えかたのくいちがいでした(2)。」

「家庭・学校生活をえがいた生活記録文という、生活綴方の意図に一致するものをさがすのは、大へんな苦労でした。自由作文の教育は、幼い子どもたちの想像力の新鮮さや、子どもの超現実的なイメージを大きく生かそうとします(3)。」

この違いがフランスと日本の学校教育の考え方の違いによるものだとしつつも、フロッサールは「私たちが、あなたがたの運動から学んだ子どもの作文の社会的性格についての問題は、フランスの作文運動のなかで、こんご、発展させるべき、一つの大きな課題となってきている」と指摘している。(4)

また、フロッサールは生活綴方の表現ぶりについて次のように述べている。

「本や雑誌に転載されている日本の子どもの文章はながい、い、い、文章である。どうせ例外かえらばれた優秀作品かだろう、と思うかもしれないが、そうではない。じっさい、生活綴方の文章は、とても小さい子どもの場合でも、いつもながいのである。このように文章がながいことは、日本語の文字がわれわれの目には、ずっとむずかしいものであるだけに、いよいよもってふしぎに思えてならない。(5)」

題材も表現ぶりも違う生活綴方にふれたフレネ教育の関係者は、驚きといささかの疑問をもって自分たちの自由テクスト（texte libre）との交流を求めていたのである。

他方、日本側でフレネ教育に言及した中心人物は、小川太郎と波多野完治であった。

小川太郎は一九五七年八月、ポーランドのワルシャワで開かれた第二回世界教員会議に出席し、生活綴方（free and realistic composition of life）運動の報告をしている。その会議でフレネ運動からワロン運動に変わった青年や、ワロン運動の指導者の一人であるセクレ・リュー（Seclet Riou）夫人と接触している。リュー夫人はフレネ運動が「教授を科学的に組立てようとしないという点では、大きな欠陥をもっている」としながらも、「子どもの自主的な活動を多様に発展させるという点」や「子ども自身が自由な作文を書き、新聞を編集し、印刷して、学校同士の間で交換し合う」のは興味ある方法であり、「自分たちとしても、近代学校の運動に加わっている教師とは、よく協力していきたい」と述べたという。(6) 小川は“L'Ecole et la Nation”誌上にフレネ批判の論文が掲載されていたことから、リュー夫人の発言が「意外でもあったし、同時に、教育の戦線の統一のための配慮が相当なされているなと感じもした」と述べている。(7) 小川はこの後、『生活綴方的教育方法』のなかで「詳しいことはわからないが」としながらも、生活綴方とフレネ教育を次のように比較している。

「わが国の生活綴方運動は、フレネの場合とちがって、生活における感性的認識を、教科の系統的な理性的認識と統一し、真実を教え、コスモポリタニズムを排して国民的な課題にこたえようとしているのである。そういう意味では生活綴方の教育は、いわゆる新教育に対して批判的である。(8)」

小川によるフレネ教育、自由テクストへの言及は、彼自身も「詳しいことはわからない」と述べているように、フレネの著論や実践を直接吟味したうえでのものではなかった。また、新教育との関係についていえば、小川が「ワロン運動」と呼んでいるのは実は国際新教育連盟フランス支部である「新教育フランス集団(Groupe Française d' Education Nouvelle)」のことであり、フランスにおける新教育運動の諸潮流の関係を踏まえず、この当時の日本の生活綴方の新教育批判とフレネ運動を結びつけた点では問題の多い紹介であった。(9) ただ小川は、帰国後フレネ運動の機関誌“L'Educateur”を当時在籍していた名古屋大学教育学部附属図書館で定期購読を始めている。そしてそれは日本の公的図書館に所蔵されているものとしては最も長期のコレクションとなっている。

他方、生前のフレネに直接会ったこともある波多野完治は、フレネ方式の「内容や方法は、日本の『生活綴り方』と大へんよく似ている」が以下の点で違うとしている。

（一）フレネ方式では、マス＝コミに対して批判的な態度をとらないし、機械に対する前進的な考え方があるが、日本の「綴り方」の論者にはとぼしい。いわゆるはいまわる経験主義とか、竹槍戦術という考えはフレネにはない。

（二）「作文」とならんで、知識のための自学方式を工夫したことが生活綴り方とはちがう。

（三）フレネ方式はたえず進歩するものであり、「閉じられた」体系ではなかった。この点も、日本の生活綴り方といくらかちがうのではなかろうか。[10]

ここで生活綴方に関して述べられている点については波多野の生活綴方に関する不十分な理解によっていると思われるが、この当時、視聴覚教育の積極的な導入を試みていた波多野から見れば、それに消極的な態度をとった一部の綴方教師にこのような感想を抱いたのもうなずける点はある。しかし、（二）は重要な点なので少し詳しく述べてみたい。

波多野はフレネ教育が開発した学習文庫を「百科全書の子ども版」といったり、「玉川大学で出している『児童百科大辞典』を分冊にして出していくもの」と説明しているが、これは不十分な説明である。学習文庫の学習材としての特質は、子どもが書いた自由テクストに教師と専門家が協力して手を入れ、既刊の学習文庫との系統性、関連性を考慮して作られるところにあり、従って、子どもの発達を基礎に、それを大切にしながら彼らの知識を高めていくところにある。また、その出版のされ方の実際も、あらかじめ決定された知識の総量を分冊して逐次発行していくわけではない。その意味で、戦前の「調べた綴方」や戦後の「生活綴方的教育方法」が追求した「生活勉強」のための「生活勉強」によって生み出された学習材であり、大人が子どもに伝えたい知識の総量を集めた百科事典、全集とは明らかに異なるものである。

以上みてきたように、日本へのフレネ教育、自由テクストの紹介は、一方ではフレネ教育自体についての、他方では生活綴方についての不十分な理解が重なって、両者の交流の接点が見出されないまま途絶えてしまうことになるのである。

（付記）

一　波多野完治は宮ヶ谷徳三、若狭蔵之助、村田栄一、里見実等を軽井沢の別荘に招き、日本でフレネ教育運動を展開するよう要請した。それがきっかけとなり、「フレネ教育研究会」と「現代学校運動ＪＡＰＡＮ」が生まれることになる。

二　一九九〇年八月にアメリカ合衆国で開催された第一回ホール・ランゲージ大会には志摩陽伍を団長として生活綴方教師と研究者が参加した。この運動に関わる北川夫妻の著書なども川口幸宏らによって翻訳され、生活綴方を再び国際的な視野からとらえ直す契機となった。

三　駒込武編『生活綴方で編む「戦後史」』（岩波書店、二〇二〇年）では、『世界の子ども』の各編を平凡社の編集者・吉田九洲穂が残した編集記録も駆使して詳細な分析がなされている。特に第七章では本稿で扱ったフランス編に関して述べられている。本書の副題にある「〈冷戦〉と〈越境〉の一九五〇年代」は、生活綴方運動を含めた「戦後」民間教育研究運動に厳しい再検討の視点を提起している。

注

（1）交流開始前に邦訳されたフレネの著論は以下のようなものがある。
セレスタン・フレーネ「生徒間の訓練」国際教育労働者連盟『新興教育学』刀江書房、一九三一年（白石書店、一九八〇年復刻版）。

またフランスのエスペランチストによる紹介が翻訳されたものもある。ランテーヌ「フランスにおける新しい教育」『あかるい教育』第一六号、一九四八年一一月号。

（2）アンリ・フロッサール「自由作文運動」『作文と教育』一九五六年九月号、四八頁。

（3）同前、四八頁。

（4）同前、四八頁。

（5）アンリ・フロッサール「日本の新しい教育・生活綴方」『作文と教育』一九五八年五月号、八二頁、傍点原文。なお、同論文は次のものの邦訳である。
H. Frossard: La nouvelle pédagogie japonaise LE TEXTE DE DESCRIPTION DE VIE CONCRETE, "L'Educateur" 1958.2

（6）小川太郎「世界の舞台下の生活綴方」『作文と教育』一九五八年一月号、五一頁。

（7）同前、五一～五二頁。

（8）小川太郎「生活綴方と教育」小川・国分編『生活綴方的教育方法』明治図書、一九五五年、六八頁。

（9）古沢常雄「フランスの新教育運動と日本の生活教育運動」『生活教育』一九七八年一〇月号。
W・ボイド、W・ローソン共著『世界教育史』玉川大学出版部、一九六六年、二四五～二四八頁参照。

（10）波多野完治「フランスの作文教育」森岡他編『作文講座Ⅰ　作文教育の展望』明治図書、一九六八年、一八七～一八九頁。

初出　佐藤広和『フレネ教育　生活表現と個性化教育』（青木書店、一九九五年三月）第七章より抜粋。

二　いま、なぜ問題解決学習なのか―戦後学力論の成果と課題
―生活表現にねざした個性化教育論の立場から

問題の所在
―「いま、なぜ」という問いかけへの意味づけ

「いま、なぜ問題解決学習なのか」という問いかけに対して、問題解決学習の今日的復権を主張する立場を私はとっていない。個性化教育は生活の自由な表現にねざしてこそ実現すると私は考えており、わが国の生活綴方、フランス語圏を中心とするフレネ教育、英語圏のホール・ランゲージなどが提起する教育論を「生活組織の教育学」として総括することの必要性を感じている。

このような立場から「いま、なぜ問題解決学習なのか」という問いかけをうけとめるとすると、単に「問題解決学習」という一つの学習形態の問題ではなく、生活表現にねざす個性化教育論の問題としても検討すべき点がいくつか浮かび上がってくる。限られた紙数なので、三つに絞って論じたい。

問題解決学習が実践された時期の教育状況（とりわけ学習指導要領の位置）と、問題解決学習自体の教材（学習材）論

今日の状況下で問題解決学習の復権を論ずる者は、戦後にそれが実践されていた時がそうであったように、問題解決学習の過程での学習材の選択の自由についても論じなければならない。生活科をはじめとして、教師の「指導」ではなく「助言、援助」が教師の役割として最近強調されてきている。私の立場から言えば、教師の役割が「助言、援助」と規定されることには賛成である。しかし、新学習指導要領に関する行政官の発言のなかには「日の丸、君が代」問題で行政処分をほのめかし、実際にも高等学校長が処分を受けるという事態にみられるように、学習指導要領の法的拘束性の主張をますます強くする動きが明確に現れている。

戦後の問題解決学習が提唱、実践されたのは学習指導要領が一つの試論として提示されていた時期であり、今日の状況との違いを考慮せずにその学習形態だけを導入するのであれば真に子どもの学びを発展させるものとはならないだろう。なぜなら、今日の生活教育は戦後直後のそれとは違う社会的、歴史的状況にあって、共通事項の習得による国民的文化基盤の形成というモメントとは異なる学力論を提示し始めており、その際、学習材の自由な選択は重要な意味を持つと考えられるからである。この時のポイントは〈権威づけられた教材〉を相対化することが〈科学・文化の総体への接近〉にどうつながるのか、その筋道はどのように実現されるのかということであろう。これを解く鍵は、一つは現代の生活自体が持つ科学・文化との緊密性、地球的規模での相互依存性の問題であり、二つにはそれに対応した学びの緊密性と相互依存性の問題である。そしてこの点の追求は、すでに戦後の問題解決学習に対しても投げかけられていた「問題」とは何かについて

の吟味が希薄であるという批判にこたえる事でもあると思われる。

戦後新教育の評価に関わる論点

周知のように、矢川徳光の『新教育への批判』（一九五〇年）は戦後新教育に対する批判としては先駆的なものであった。しかし、「戦後『新教育』の階級性とイデオロギー性を暴露しながら、経験主義的カリキュラム論の『反動性』を論じる」という批判の仕方の問題点も指摘されている。

「たとえば、カリキュラム編成論において目的論として『世界観の確立』が主張され、それに従属して教材配列の根拠として『科学の系統』のみがあげられ、子どもの人格と能力の発達の法則性からの要請に無頓着であることは、この時期の矢川教育学の機械論的性格を暗示している。(1)」

ここで指摘された「機械論的性格」に関しては、一九三一年から（旧）ソビエト連邦で展開された諸教育政策(2)にみられるソビエト教育学のスターリン的性格が影響を及ぼしているものと思われる。

矢川の新教育批判と全く同じ時期にフランスでは、スニデールによって新教育批判、とりわけフレネ教育に対する批判が精力的になされた。スニデールの批判の骨子は、一つには教師の指導性の問題であり、二つには教育実践研究運動と社会的政治課題との関連であった。

「この教育学は欺瞞である。なぜなら、それは教師の役割を過小評価し、子どもの精神をうわべのところで押さえ込んでしまい、世界を理解して作り変えることができない状態に放置し、『資本主義の内部に社会主義のオアシスを建てることが可能であるかのように教師たちに信じさせ、明らかに、効果的な闘いから彼等をそむけさせている。[3]』」

スニデールの批判の仕方は、フランス共産党のコニョの総括論文にも同様に見られる。

一　階級社会における全ての学校は、階級的性格を持つ。

二　従って、教育内容の決定は明らかに中心的な課題であり、どんな技術を考えるのであれ、その前に解決する必要がある。

三　「仕事」や手の活動、新しいと言われる教育方法は、もしそれらが解放のために闘っている社会的労働と接触するように関係づけられなければ、民衆にとっては意味のない過程を構成するに過ぎない。[4]

これらの点についてフレネがことごとく誤りを犯していると批判したコニョは、決定的な宣告をした。

「フレネは明らかに自覚的労働者階級の立場に立っていない。彼は科学的社会主義から逸脱している。[5]」

「『現代的』と言われる教育理論は、現在全ての者に最も有害な影響—アメリカの影響—にフランスの学校の扉を開くことに貢献している。[6]」

この批判にみられるように、階級性の強調は教育内容の科学性の強調につながり当然のことながら系統的な教授の強調へとつながっていった。

問題であったのは、「アメリカの世界戦略の一環」という新教育に対する政治的論理による批判が、新教育の（しかもそれはアメリカ合衆国のであって、ヨーロッパ新教育は必ずしもそうではなかったのだが）一つの哲学的基礎であったデューイのプラグマティズム批判を媒介としてなされたことである。そして、そのような批判が新教育全体に対する一つの政治的ラベリングになったことである。このことは二つの点でさらに問題を生ずることになる。

一つは、フレネ教育を一例にとった批判であっても、〈教育内容の科学性〉と、〈系統的教授〉という原則からなされた批判は、その原則に反する、または反する恐れのある新教育の諸命題の理論的、実践的追求に萎縮をもたらした。例えば、フランス新教育集団の指導者の一人、セクレ・リューは、「フレネ教育はすべての新教育を代表しているわけではない(7)」という反論でスニデールの批判をもっぱらフレネ教育に向けさせることになった。しかし、スニデールの批判の骨子である〈教育内容の科学性〉と〈系統的教授〉を第一義的に、一面的に強調すると、いったい新教育がこれまで主張してきた伝統的な教育方法の注入主義にかわる「新しい方法」の意味は何なのかということが逆に問題とならざるをえなかった。スニデールに反論したバラックが、「いかなる教育内容であれ、その成功はそれが与えられるやりかたに大きく依存する」というセクレ・リューの言葉を引用しながら次のように述べたのは、新教育の原点の確認を求めるためであった。

「民主的な内容は現代教育法（フレネ教育の意―筆者註）を手段として教えることができる。(8)」

二つには、このような批判の仕方を通して、批判者自身の方もこの原則に徹底的に自己束縛されることとなる。一つの教授法、学習形態が一つの政治的立場に対応するならば、およそ教授法、学習形態の評価は政治的立場の如何によってなされることになる。他方、ある政治的立場にとっては採用した教授法、学習形態によって教育方法研究の基本的方向性を得ることとなり、研究はおのずからそれを前提とした細部の各論的研究にならざるを得ない。政治的論理に規定されながら発展する教育的論理は、やがて教育学の論理として洗練されていき、基礎となっていた政治的論理が政変によって揺るいだときに初めてその洗練が子どもという教育学の基盤を失っていたものであることを議論できるというところまでいきつくことになる。このことは、児童学批判から「子どものいない教育学」に関する自己批判にいたるソビエト教育学の流れに端的に示されている。(9)

わが国にフレネ教育が紹介され、生活綴方教育との直接的交流がなされたにもかかわらず、〈フレネ教育＝新教育＝生活綴方が克服すべき対象〉という図式から抜け出せず交流は発展しなかった。そしてこの図式は今なお完全には払拭されているとはいいがたい。いずれにせよ、戦後の新教育批判の立脚点をスターリニズムの払拭という面から見直してみる必要を感ずる。

「問題」の所在する「生活」の変化と〈生活を科学する〉国民的力量の向上を教育論としてどう位置づけるのか

問題解決学習が提唱されながら、実際には「はいまわる経験主義」であるとか「現実適応主義」であるとかの批判を受けざるを得なかったのには、第一義的には問題解決学習論者の理論的弱さが責任を負っているが、今日の時点から見れば当時の科学の水準と〈国民の生活を科学する力量〉が決定的に不足していたという事態にもこの学習法が十分に発展できなかった原因がある。このことは無着成恭の『やまびこ学校』の実践に対して、社会科学者の上原専禄が非常な衝撃を受けたと述べていることからもわかる。

それから五〇年余りの間に、我々を取り巻く生活自体が大きく変化し、日常生活の中に科学の最先端の成果に基づく物品が入り、世界や全国の情報が伝えられてきている。国民の主体的力量としても〈生活を科学する力量〉は着実に伸びてきている。このような客観的、主体的条件が結び合う中で、例えば、家庭用合成洗剤を使わないようにする運動の中で作られた「台所は海につながっている」という標語の出現が可能になったと言える。(10)

つまり現代の生活はかつてのある程度の自己完結性を持った生活とは比較にならないほど地球的規模で関連し合う生活なのである。従って生活の中で子どもが持つ興味・関心・疑問は適切な知的回路の中に置かれれば、子どもは一人ひとりの持ち味を生かしながら問題を追究していくことが可能であるし、その追究が交流されて共有されるならば、これまでの「国民的教養の基礎」論とは違った筋道で国民的教養の形成がなされるであろう。

フレネの「興味の複合」論が示唆するもの

フレネの興味論はピアジェやワロンなどによっても早くから注目されていたが、その中心的眼目は学習内容に関して子どもの能動性を引き出す点にあった。

「子どもたちを学級のなかで能動的にさせることこそ新教育の本質的な部分だということとは、わたしたちがよく知っていると申してよろしいでしょうが、学校での印刷は子どもが学習しなければならない観念そのものにかんしても子どもを能動的にさせるという利益をもっております。(11)」(ワロン)

また、ワロンとともに国際新教育連盟の機関誌『新しい時代のために』のフランス語版の編集にあたっていたピアジェは、「フレネはとりわけ子どもの興味の発展と社会的陶冶とに思いをいたすことによって、能動的学校という一貫した目標を達成した」と評価している(12)。

ところで、子どもの興味や関心を教育内容として重視する教育方法としては、ドクロリーの「興味の中心」論がよく知られており、フレネも当初それに強い関心を持っていた。しかし、教育内容編成の原理としては「興味の諸中心」であったこの論が、方法として実際に機能する時には「あらかじめ定められた興味の一つの中心」として子どもの前に立ちあらわれ、あらかじめ教科書に固定された内容を学習する方法となっている点をフレネは厳しく批判した。自由テクストによって子どもの感覚と感性を生活に向かって広げていったフレネにとって、学びの出発点は生活の中で生ずる興味、関心であり自由テクストを生み出す学校印刷機の実践は、「あれこれのカリキュラムのために子どもの教科書的興味を甦らす単なる機会」を作り出すものではないのである(13)。

一九二八年には一斉授業の廃止を訴えたフレネは、三二年には「学習文庫」第一号発行の裏付けをもって教科書の廃止を訴えた。「学習文庫」(Bibliothèque de Travail)は子どもの興味・関心を誘いそうなテーマに関する小冊子で、フレネ教育法では学習資料として子どもたちによって使われている。当初は教師主導によって作られていたが、後には子どもたちによる研究や調査をもとにしたものも多く作られており、現在までに約二〇〇〇冊の学習文庫が発行されている。フレネがこのような学習材の開発に至ったのは、教科書の内容自体に問題点が多いこともあったが、たとえ内容的には優れたものであっても、教科書に依存する授業が教師と子どもを教科書の奴隷とし、子どもに活字信仰をもたらし、自主的な探求能力を育てることを阻害するからであった。他方、「興味の複合体《コンプレックス》を教育に活かしていくためには、資料に基づく系統的な活動の指示が必要なのだが、あまりにも固定的な教科書の中にはそれを前もって載せておくことはできなかった」[14]という言葉に見られるように、フレネは子どもの学びを発展させるためには学習材と技術の上に教育法を構築することが必要であると考えた。子どもの興味・関心に基づく教育を「教育的アナーキー」に結びつけるのではなく、子どもが自らの学びの軌跡を意識化しながら学習の計画が立てられるように助言、援助していくのが教師の役割である。

（付記）

限られた紙面で十分に述べられなかった点も多いので、筆者稿『生活表現と個性化教育』（青木書店）を参照していただければ幸いである。

注

（1）橋本伸也「戦後教育学とソビエト教育学―矢川教育学への一試論」天野正樹・窪島務・橋本伸也編著『現代学校論』晃洋書房、一九九三年、三一一頁。

（2）駒林邦男『現代ソビエトの教授―学習諸理論』明治図書、一九七五年九月参照。

（3）J. Snyders: Où va la pédagogie"nouvelle"? A propos de la méthode Freinet,"Nouvelle critique" n° 15 Avril 1950 pp.88-89

（4）G. Cogniot: D'une libre critique de l'éducation《moderne》,"Nouvelle critique" n° 36 Mai 1952. p.106.

（5）ibid., p.114.

（6）Cogniot: D'une libre critique de l'éducation《moderne》,"Nouvelle critique" n° 38 Juillet-Aout 1952. p.108.

（7）F. seclet-Riou: Les méthodes Freinet ne représentent pas toute l'éducation nouvelle,"Nouvelle crItique" n° 18 Juillet-Aout 1950.

（8）Barak: 16me lettre, "Nouvelle critique" n° 24 Mars 1951, p.131.
（9）駒林、前出書参照。
（10）筆者稿「子どもたちの生活学習と子ども協同組合」木下かよ子・子どもたちの生協運動研究会編『飛び出せ!!子どもコープ』コープ出版、一九九五年参照。
（11）ワロン「学校における印刷」アンリ・ワロン、ジャン・ピアジェ『ワロン・ピアジェ教育論』明治図書、一九六一年初版、一九七九年第一二版、五九頁。
（12）ピアジェ『教育学と心理学』明治図書、一九七五年、七二頁。
（13）E. Freinet: Naissance d'une pédagogie populaire, 1978, François Maspero, p.37
（14）フレネ『フランスの現代学校』明治図書、一九七五年、一一七頁。

初出　日本教育方法学会『教育方法』第二四号、明治図書、一九九五年一〇月。

三　総合学習の実践づくりのために

はじめに
―「総合的学習の時間」をどううけとめるか

二〇〇二年から施行される新学習指導要領で「総合的学習の時間」が設けられることになった。「学校や地域の実態に応じ創意工夫を」ということで多様な実践やプランが出されているが、他方では「具体的なイメージがわかない」、「文部省からある程度の指針を示してほしい」というとまどいの声も聞かれる。特に教科担任制のもとで中学校教師のとまどいは大きいようである。

中央教育審議会（中教審）答申から教育課程審議会（教課審）を経由して具体化されたものが「総合的学習の時間」であるが、中教審答申から教育職員養成審議会（教養審）経由で具体化されたのが新免許法で新設される「総合演習」である。この時間は免許法上では「教職に関する科目」に区分された必修単位である。「総合的学習の時間」の新設を巡る議論は様々な角度からなされているが、免許法で新設されるこの演習との関わりで述べられたものはほとんど見あたらないので少し紹介してみよう。

教養審の第一次答申（一九九七年七月）ではこの演習の性格を次のように述べている。

「人間尊重・人権尊重の精神はもとより、地球環境、異文化理解など人類に共通するテーマや少子・高齢化と福祉、家庭の在り方など我が国の社会全体に関わるテーマについて、教員を志望する者の理解を深めその視野を広げるとともに、これら諸課題に係わる内容に関し適切に指導することができるようにする（後略）」

これを見ると、「総合的学習の時間」のテーマとして例示された「国際理解・外国語会話、情報、環境、福祉」とよく対応しており、この時間の指導力量形成のために新設される演習とみなすこともできる。（なお、「情報」に関して共通教育科目として「情報機器の操作」が新たに必修として課せられることとなった。）

しかし、前回の指導要領改訂で生活科が設けられた時とは若干位置づけ方が異なっている。つまり、生活科に対応する教員免許法科目は従来の「教材研究」や「小学校専門科目」におかれたのだが、今回の「総合的学習の時間」の場合はそれらから別枠でたてられ、単にその時間の指導法や教材研究をするということではなく、教員の基本的な「資質能力」を養成する一環として位置づけられているのである。

このように「総合的学習の時間」と「総合演習」をつなげてみると、中教審の流れにある「教科の再編・統合」という思惑とともに今日の社会状況、深刻な教育現実への対応という側面をこの時間の新設に見ることができるのではないだろうか。しかも、学校や地域の実状に応じた創意工夫が求められているわけだから、私たちとして積極的にこの時間を位置づけ実践してみる必要性があるのではないだろうか。加えて、後に述べるようにいじめ・不登校・学級崩壊などの学校病理の打開策として国民に広く認識され始めた学校と家庭、地域の連携に道を開く可能性も「総合的学習の時間」は内包している。

そして私たち綴方教師には、戦前からの遺産と新たな知見をもとに〈書くこと〉にこだわった総合学習の理論と実践を提起することが期待されている。

日常的現実感覚とその共有

ところで、「総合学習」を既存の教科の合科ととらえたり、既存の教科への布石ととらえたり、学習成果の応用ととらえたりする傾向がどうしても教育界には根強いようである。すべての発想の出発点に教科があり、そこから抜け出せないでいる。

教科は人格の民主的発達を促す働きかけの窓口なのであって、断じてその逆〈教科に人格の民主的発達が従属する〉ではない。北方性教育運動の担い手であった佐々木昴の次の言葉は教科至上主義的発想の強い教育界への警告であった。

「生活の流れの中に教材を位置させるのであつて教材を読解するために生活を手段化するといふ観方をとらない。(1)」

この三〇年ほどの間をとっても、例えば「平和」や「環境」や「人権」といったテーマは既存の教科内容に収まりきらず、教師の個人的・集団的創意工夫によって実践されてきた。学習指導要領や教科書に関連事項がない時期には、「四日市公害」を教材化して実践すること自体がアカ呼ばわりの対象とされた。学習の一環として、大気の汚染を朝顔の葉の斑入りで調べようものなら「この実践はいったい社会科なんですか、理科なんですか？」という質問も飛び出す。

私たちを総合学習の実践に駆り立てるものは何なのか？　それは、教科の枠組みがどうであるとか、教科内容の年次配当がどうであるとか、相互の関連性を持たせて学ばせた方がよいといったことではない。平和、環境、人権、国際共生など、どれをとっても現実的で切実な問題であり、それ故私たちを学びに駆り立てる課題である。しかもそれらは、単に知識として知っているだけではだめなのであり、かつ、一部の人間が学んでいればよいというものでもない。共に学び、知り、考え、行動していくことが必要なのである。

すでに私たちは総合学習に関して多くの遺産を持っているが、現在の学校をめぐる幾多の前提の崩れを意識せざるをえない。

学校は学びの場であるという前提
教師の指示には従うという前提
学習は自分のためにするという前提

などなど。

私は大学で教員養成に関わってきたものとして、最近の学生の現実認識の希薄化を感じてきた。講義で考えたいテーマを聞くと、深刻な教育状況を反映してか、「いじめ」や「不登校」「体罰」などを多くの学生があげる。同時に、それらを克服しようとしている教育実践について知りたいという希望も出される。講義の担当者としてはできる限りそのような要望に応えるべく様々な工夫をしてきたが今ひとつしっくりこなかった。何故なのか？（もちろん、私の力不足はあるだろうが。）

確かに、「何に関心があるか？」と問われればいじめ、不登校、体罰などのテーマをあげるのだが、それを日常的に自ら深めていくという姿勢が感じられないのである。新聞やテレビなどで報道されたことにふれても、知らないことが多い。また、近辺の教育実践や研究会を紹介してもなかなか参加してこない。

私はこの半年間の講義をやめた。といってもさぼっていたわけではなく、ほぼ一方的に系統性を持った内容を語ることをやめたのである。学生に私が要求したことは二つある。一つは、普段から身の回りの教育問題に関心を持つこと。特に関心を持った問題について自分のコメントを付して「ニュース」として三分程度のスピーチ（発表）をすること。二つ目は、日常的なつながりのない四〇から五〇人の前でスピーチをするのはかなり勇気がいるようだが、ぼちぼちと発表する学生がでてきた。私が教室にくるまでに、発表者は黒板に「ニュース」の題目と氏名を書いて発表通告をする。講義の時間はこれらの発表と質疑応答・意見・感想、時には討論から始まる。私の役割は発表やその後の議論をふまえて専門家として意見を述べ、個人学習で深めるための文献を紹介することである。私のコメントや学生の発表に対するまとまった意見は、次回に「オピニオン」として発表することもできる。かつて本誌でも紹介したことがあるが、学生たちは個人的には様々な問題について関心を持ったとしても、それを日常的な場で話し合うことはなかなかしない。「マジな話」を語り合えない不自由さの中で生きているのである[2]。この授業形態に関して特に感想を求めてはいないが、毎時間の感想文には他の学生の意見を聞き、それに加えられたコメントを聞いて、自分で考える筋道が見えてきたという声がよせられている。

日常的な現実感覚を自らが持ち、それをもとに自分たちで語り合い、深める筋道を専門家としての教師が示す。このことは教員養成の場だけでなく、総合学習を前進的に実践する教育現場でも求められることではないだろうか。

子どもの興味・関心から出発する総合学習

これまで述べてきた日常的な現実感覚とその共有という点から総合学習を考えてみると、これまでよく行われてきた総合学習とは異なるタイプの総合学習が浮上してくる。つまり、学習課題を教師が設定するのではなく、日々の生活表現、生活勉強で出される子どもたちの様々な課題が共有されることによって現代社会を総合的にとらえていく学習である。

フランスでは一九六九年度から小学校のすべての学年に週二七時間のうち六時間の「めざまし科目」が新設された。耳慣れない科目名だが、フランス語では“disciplines d' éveil”という。「めざまし」にあたるフランス語は“éveil”で、「覚醒する」という意味である。日本の生活科を新設する際の検討モデルの一つにされたともいわれている。「子どもの興味を自然的、社会的、文化的環境にトータルにめざませる[3]」ために設けられたこの科目は、一九七七年には「めざまし活動」と名称を変更され、一九八五年には廃止される。フレネ教育は他の新教育諸派とともにこの「めざまし科目」成立を実践的に準備し、それが廃止された今日の厳しい状況のもとでも初志を貫いて実践している。

フランスの小学校教師フレネ（Célestin Freinet, 一八九六―一九六六）は、一九二〇年代から子どもの自由な生活表現である「自由テクスト」（自由作文とも訳されている）を中心として学校改革運動を組織した。教科書中心の教育によって子どもが「他人の思考の型にはめられ、徐々に自分自身の思考を殺してゆく[4]」のは教育の根源的欠陥であるとフレネは考えた。自分の発達に自己契約をする「学習計画表」に従って進める多面的な学習の中には、コンフェランスと呼ばれる子どもによる研究発表の準備もふくまれている。子どもたちは自分が興味・関心を持ったことを「学習文庫」という自主的編成学習材や様々な資料をもとに調べる。最初から教師がまとまった話をせず、まず子ども自身が調べる。教師は子どもの関心のあり方を読みとりながら必要な援助（資料の紹介や、進め方のアドバイスなど）をするが、親が助言をすることも奨励されている。学校によっては、研究発表に子どもの親が参加して助手役を務める場合もある。フランスでは伝統的に親の学校への参加に否定的であった。日本では年中行事の「授業参観」も、授業の素人の親が見て何の意味があるか、という理由で行われてこなかった。そんな風土の中で親と学校の関わりを強くしてきたフレネ教育運動などの成果がようやく実り始めたのである。昨年秋にフランスを訪れたときはちょうど文部省が進める「学校参観週間」にあたっており、親が子どもたちに普段の学習の説明を受ける場面にも遭遇した。また、ボランティアの親たちがさまざまな活動をしている場面も見た。

○図書室で調べ学習をする子どもの相談にのり、資料さがしを手伝う親
○出版の番号順になっている学習材（小冊子）を、タイトルのＡＢＣ順にした索引をつくる親
○自然豊かな校内の植物図鑑を標本入りで子どもと作る親

これまでも総合学習では地域の人々や親との連携が重視されてきたが、子どもや教師が地域に出ていくだけではなく、親や地域住民がもっともっと日常的に学校に来て子どもの学習に関われればと思う。

フレネが実践を始めた頃は、「散歩教室」という名で子どもたちを学校の外によく連れ出し、自然とふれ合う学習とともに働く人々の姿にふれさせたり、話をしたりする機会をよくもったという。子どもの興味・関心に基づく自主的な学びをめざしたフレネは、子どもの感覚・感性を生活や労働、文化に開かれたものにする日常的な働きかけを怠らなかった。

このフレネ教育に刺激をうけた日本の実践についてふれたみたい。私は一昨年、三重フレネ研究会の桂山

美奈子先生が担任する小学校四年生の学級を隔週で一年間参観する機会を得た。この学級では「学習計画表」に基づいて多面的な学習に取り組んでいる。(5) 実践の概要は桂山先生の論稿を是非読んでいただきたいが、ここではこの学級の研究発表の取り組みについてふれてみたい。なぜなら、私が描く総合学習あるいは生活勉強の一つの姿がそこに見られるからである。

この学級の学習の合い言葉となっていったのは「ほんもの」である。自分が興味・関心を持ったことは自分で確かめてみる。近くの川のゴミ調べをした子どもは長靴を履いて川の中を一キロ歩き、落ちていたゴミを調べた。これに刺激を受けた他の子は、町内の視覚障害者のための点字表示や、身近なもの（例えば、紙幣や缶ビール）の点字表示を調べて発表した。他の子どもたちは、手話ボランティアをしている母親に習った手話で駅への道を尋ねられた寸劇をする。ある子は、金子みすゞの詩「私と小鳥と鈴と」を手話で発表した。子どもたちは多様なことに興味を持ち、様々なテーマで発表するのだが、発表の内容や方法が他の子どもの研究を刺激していくのである。フレネが「興味の複合」と呼んだことが起こっていくのである。私が驚いたのは「ＴＯＭＯＲＲＯＷ（歌、岡本真夜）」の手話コーラスである。手話に興味を持った子どもたちのために、愛知の高校生三〇〇人による手話コーラス「ＴＯＭＯＲＲＯＷ」をビデオに撮ってプレゼントした。全校児童集会で手話コーラスを発表することになったというのでそのリハーサルを見せてもらったときのことである。歌詞に「アスファルトに咲く花のように」という部分があるのだが、「ように」の箇所が高校生の手話と違っている。今思い出しても本当に恥ずかしいことなのだが、私は四年生の子どもたちはビデオを見て高校生の手話の真似（コピー）をしていると思いこんでいた。ところが実際には子どもたちは教室に備えられた手話辞典で歌詞を全部チェックしていたのだ。そこで、ビデオで見た高校生の「ように」の部分が辞典の説明と違うことを発見した。自分たちはどちらでするか話し合った結果、手話辞典の方でいこうということになったというのである。私たちが総合学習でめざす力の一つは、こうした「ほんもの」を自分たち自身で確かめる姿勢なのではないだろうか。

子どもたちは様々なサブカルチャーに囲まれ、他方では机と教科書に縛られて生活している。だから子ども自身の興味・関心を出発点とする学びは、学ばせたい課題という点から見ればかなりの距離があるのが普通である。しかし、学校や学びをめぐる前提がことごとく崩れかかっている現在、子どもたちの日常的な生活に「ほんもの」を回復していく筋道を気長に作っていかなければ、総合学習の実践もその真価を発揮できないのではないだろうか。

情報のリソースとストック

今日の総合学習がこれまでのものと違って、情報機器とネットワーク、つまりコンピュータとインターネットに関わって展開されるであろうことは容易に想像がつく。本書のなかにもその先駆的実践がいくつか収録されている。小さい頃から様々な情報機器に接してきている子どもたちは、コンピュータやビデオなどに抵抗なく挑み、時には教師より早く操作を習得してしまう。かつてと比べものにならないほど知りたい情報にアクセスすることが便利になったのは確かである。

しかし、多くの人々が指摘しているようにこの便利さにはいくつかの落とし穴があるのだが、私は特に情報のリソース（情報源）と私たちの関係という点を述べてみたい。

これまでも、教科書に例えば「島の人々の暮らし」という単元があれば、良心的な教師は何とか島の学校との手づるを作り、手紙の交換を通して島の暮らしについて様々な質問をしたり、調べたりしてきた。間接的な資料だけに頼るのでなく、直接的な交流を通して実感をともなった生きた学習を組織したいという教師の思いは大切なことである。しかし問題なのは、時としてその交流が「単元の切れ目が縁の切れ目」の実践になっていることである。もともと動機が単元に必要な知識を得るということにあるので、調べる学習が終わるとともに交流もその動機では維持できなくなる。そうしていつの間にか「自然消滅」していくのである。

フレネは、一九二〇年代から「学校間通信」と呼ばれる交流を行った。「自由テクスト」という自由な生活表現の作品を綴じた学級（学校）文集を中心に、手紙やプレゼントの交換、さらには交流訪問などを行うものである。日本の生活綴方実践でも、戦前から文集の交換や子ども連れの交流訪問がなかったわけではない(6)。しかし、それは教師自身にとっての必要性を第一義としたものであり、かつ組織だったものでもなかった。学校間通信がもたらす教育効果を確信したフレネたちは、毎年の全国研究集会では通信相手のペアリングを組織的に行い、文集の郵送費節約のため第三種郵便物のような認可を得るなどの努力をしている。文集を「労働と生活に開かれた大きな窓」と評したフレネは、子どもの表現を様々な関係に位置づけることによって彼らの表現意欲と生活認識を刺激しようとした。学校間通信のように他地域の学校との交流は、時にはカルチャー・ショックを伴いながら「自分が絶対だと信じていたものが相対的であることを感覚的なやり方で発見する機会になるし、逆に、実際に共通なものつまり普遍的なものを見る機会になる」といわれている(7)。だが、学校間通信は何かを調べるために行われるわけではない。他人の生活に関心を持ち、他人に自分の生活を語ることによって自分の生活を見つめ直すという作業が、結果的に子どもたちに生活や社会を見る目を育てていくのである(8)。私たちは〈書くこと〉と教科での学習を結びつけるだけでなく、日常的な人間的交流を広げることと結びつける必要がある。

子どもたちは、マスメディアを通して様々な情報を得てはいるが、その情報がどのような文脈で流されたものなのかを見極める学習の機会はほとんどないといってよいだろう。私たちがよく経験するように、自分が知りたい情報を手にすることは実は大変な手間暇がかかる。例えば、有識者に手紙を書く、聞き取りをする、調査をする、観察する等々。私たちは自分が知りたい情報を得るために、こうした努力をするわけだし、他方、情報を提供してくれる他者は都合をつけて私たちに接してくれる。世界や他者は「私」の都合にあわせて存在しているわけではないからだ。この関係を見過ごして、ただコンピュータの前に座ってマウスをクリックすればそうした努力につきものの煩わしさから逃れて純粋に自分の得たい情報が得られるかのような錯覚を子どもたちに起こさせてはならない。特に、マスメディアが関心を持っていないようなマイナーな情報を得ようとすればなおさらである。そうした情報は、金儲けとは無縁でマスメディアとも縁遠いところにあるのが常である。幸い、草の根の活動をする人々も近年ネットワークを作り始めているがまだまだ大きくはない。インターネットやパソコン通信はこうしたネットワークにアクセスする一つの手がかりではあるが、なにより重要なことは教師・学校・地域が草の根ネットワークへの接点を持ち、みずからもネットワークを作って発信することである。こうしたネットワークにアクセスして学習の手がかりを得た実践も多いが、金銭などの利益を追求しない情報源はなぜ存在するのかを子どもたちが考える機会になればと思う。そうでなければ、子どもたちは情報の単なる消費者になってしまうし、情報操作という巨大な落とし穴を自覚することもなく、また、世界や他者は単なる情報提供者であるという独りよがりな世界観を持ってしまうであろう。

リソースとともに重要なのはストックの問題である。私は学校を訪れる機会があると、極力学校の図書室を見せてもらっている。総合学習や調べ学習を盛んに実践している学校や学級でも、学級文庫や図書室に子ども自身の作品が所蔵されていることはまれである。ほとんどの学校では夏休みなどに「自由研究」を宿題に課しているが、九月の初めこそ廊下や教室、体育館を賑わかす作品は子どもに返され再び日の目をみることはまずないといってよい。教科書や百科事典に載っていないようなテーマの学習はいつもゼロから出発しているのである。生活綴方教師たちはかつて「学級文化」ということばを大切にして、その中心に子どもたちの生活の本＝文集をおいてきた。文化の単なる受け手、消費者になるのでなく、文化の作り手、生産者になり、そのことを通して文化の生活的、地域的、民衆的な発展を意図したのが学級文化の思想だと私は理解している。

総合学習の学習の成果はこのような学級文化として蓄積され、地域の文化となっていってこそ真価を発揮するものである。その意味では、発表だけを意識して模造紙に成果をまとめるだけでなく、子どもたちが普段から手にとって見ることができる本づくりをもっと進めたらどうだろうか。教室にも、図書室にも子どもが作った本がならべられ、子どもの学習や調べ学習、創作のイメージづくりを助ける。そんな学級文庫、図書室が私の夢であり、すでに手がけられ始めている現実でもある。

教師のコンフェランス（研究発表）

教師が授業をすることは誰もが疑わないことだが、子どもにとって今までの学習がおもしろくないように、教師にとってもおもしろくない内容はあるだろう。教える方がおもしろくないことは、教えられる方にとってもおもしろくないことは確かだ。学習指導要領、教科書、受験勉強にしばられ、自由勉強の時間にも子どもはなかなか期待するような発表をしてくれない―こんな悩みに悶々とする教師は、思いきって子どもと同じように自分自身が本当に調べたいこと、皆に聞いてほしいことを研究発表したらどうだろうか。フランスのフレネ教育では、これまで私が見た限り教師の研究発表（コンフェランス）はなかった。日本とは比較にならないくらい教育実践の自由（自律性）が確保されているフランスではあまり問題意識にならないのかもしれない。三重のフレネ教育研究会では、教師も子どもと同じ時間帯に研究発表をする実践に取り組んでいる。教師が語ることはすべて指導言であり授業だという前提を自ら壊し、子どもに混じって発表をするから普段の授業とはまた違った緊張感がある。妊娠から出産までの記録をもとにした発表、冬季長野オリンピックをもとに地雷除去などの平和活動を考える発表など、教師が心を動かされたことの発表は子どもたちの心も動かした。

日本でこのことを手がけて、今や教師・生徒・父母・市民にわたる壮大な学びの運動を展開しているのが愛知のサマーセミナーである。普段の授業がなかなかうまくいかないと感じた高校教師たちが、一〇年ほど前に学校の外で「教えたいことを教え」「学びたいことを学ぶ」関係を作ったのがこのサマーセミナーの始まりであったという。多くの困難（社会科だからできたのだという冷ややかな反応、そんな暇があったら受験勉強に精を出せ、等々）を乗り越えて、今や夏休みの初日から四日間、八〇〇講座、のべ一五〇〇〇人が参加する巨大なセミナーも、始まりは学びの本来的な姿を追求した一〇〇人にも満たない教師と生徒の取り組みだった。マスコミでは「女子高校生」という言葉が、隠微な興味本位な響きで伝えられる現在、ミニスカートにルーズソックスの彼女たちが丸文字で熱心に「幼児虐待」や「従軍慰安婦」の講義のメモを取る姿は感動的であった。教師だけでなく父母や市民の多くがそうした感想をもらしていた。また、「マジな話」をすることができにくくなっていることを感ずる高校生にとって、セミナーは若者らしい言葉で「今」と「未来」を学び、語りあうきっかけとなっている。そしてこの夏の四日間の取り組みは愛知の私学の授業改革の大きな原動力になり始めている。(9) 総合学習の実践は特に中学校で多くの困難が予想されるが、総合学習の基本に立ち返ることしか王道はないものと思われる。

注

(1) 佐藤広和・伊藤隆司編『佐々木昂著作集』無明舎、一七五頁。
(2) 筆者稿「いま、なぜ書くことをだいじにするか」『作文と教育』一九九六年一月号。
(3) 原田他編『現代フランスの教育』早稲田大学出版部、一九八八年、二四一頁。
(4) フレネ『仕事の教育』明治図書、一九八六年、一一八頁。
(5) 桂山美奈子「一人ひとりの興味・関心から出発した総合学習」松浦善満監修　野中・船越・玉井編著『地域を生かせ！総合的学習の展開』東洋館出版、二〇〇〇年七月、佐伯他編『フレネの教室1　学びの共同体』青木書店、一九九七年。
(6) 筆者稿「戦前生活綴方実践における文集の役割」日本作文の会編『学級文集の研究』(草土文化)を参照のこと。
(7) 筆者著『生活表現と個性化教育』(青木書店)参照。
(8) 学校間通信の日本での実践は若狭蔵之助『子どもと学級』(東京大学出版会)参照。
(9) 愛知の実践と運動については寺内義和『大きな学力』(労働旬報社)を参照。

初出　『作文と教育』第五〇巻第六号特別号、一九九九年五月。

第五部　愛知私学運動と教育

一　生徒・父母とともに学校を変える

プロローグ

二〇一一年七月一六日から一八日の三日間、今年も炎天下の名古屋市で第二三回愛知サマーセミナー（以下サマセミと略す）が開催された。三日間で一〇〇〇を超える講座に生徒、教師、父母、市民などのべ五万人が集うサマセミは、「街とつながる　夢の学校」といわれる。「教えたい人は誰でも先生になれる。学びたい人は誰でも生徒になれる」という合い言葉が示すように、サマセミは「教える」ことと「学ぶ」ことの関係を根本的に組み替え（と言うより、本来の形に戻し）現在の窒息しそうな学校を改革する道筋を探る試みである。

今年のサマセミ校長はＪＡＸＡ教授で探査衛星「はやぶさ」プロジェクトマネージャーの川口淳一郎氏である。特別講師に名を連ねるのは、俳優の岸恵子氏、藤田朋子氏、歌手の西城秀樹氏、「もしドラ」原作者の岩崎夏海氏、政治評論家の森田実氏、ノンフィクション作家の広瀬隆氏など。『坊主の品格』でおなじみの北島義信氏は「イスラーム原理主義とは何か?」と銘打って講座を開講している。錚々たる有名人の講座を含め受講は無料（実費必要講座を除く）であり、多くの著名人たちは交通費程度あるいは「破格」の講演料で出演している。受講料もとらずに何故このようなセミナーが可能なのか？　それは、このサマセミが趣旨に共鳴する多くの人達のカンパとボランティア活動によって支えられているからである。

先ほど「教えたい人は誰でも先生になれる。学びたい人は誰でも生徒になれる」と言ったが、学校は先生と生徒だけで成り立っているわけではない。登録されてくる多数の講師の情報を整理し、教室を振り分ける事務局。昼食の仕出し、販売を行う市民。地下鉄駅から会場までの要所要所で案内板を持って誘導する生徒達。ゴミを集め、分別する人達。受付の父母や先生達。借りた会場を「借りる前よりきれいにして返す」を合い言葉に清掃活動をする人達。数え上げればきりがないほど多くの仕事を多くの人達が分担して支えている。一〇〇〇を超える魅力的な講座にほとんど出ないで、もくもくとサマセミを支える人達はこの「夢の学校」の意義をしっかりと理解している「黒子」達である。制度としての学校ではないがゆえに、ボランティア精神がすべての学校がどのようにして生まれ、発展してきたのか—本稿ではそれを分析しながら学校再生の道筋について一つの問題提起を行いたい。

会場案内の生徒たち

なお愛知では、私学の教員や父母（ＯＢ／ＯＧを含む）、生徒が中心となって大きな活動を展開している。最近では公立高校や専門学校の生徒・教師も加わって、春には新入生生徒・父母の歓迎会、「教育を考える初夏の集い」、サマセミ、秋の県民文化祭典、冬の「授業改革フェスティバル」などが県全体や各地域、学校などで取り組まれている。

大盛況の「さかなクン」の講座

本稿ではサマセミと各学校の取り組みを中心として述べていくが、愛知の壮大な活動の全体像と理念は寺内義和氏（愛知私学教職員組合連合会委員長）著の『されど波風体験』（幻冬舎ルネサンス）をぜひ読んでいただきたい。

サマセミの誕生

一九八〇年代初頭、多くの中学校には校内暴力の嵐が吹き荒れていた。仕事がら小・中学校に出向くことが多い私は、当時中学校の校門をくぐった瞬間、出会う教師と生徒の荒んだ表情に心が暗くなっていた。愛する人には絶対に見せないであろう、自分の最も荒んだ表情でお互いが向かい合っている。こんな関係のもとで、真の教育―学習が成立するわけがない。私にはそう感じられた。生徒達は受験や定期試験という学習から見れば外的な動機で学ぶことを強要され、教師達も学習指導要領や教科書、受験に縛られて本当に教えたいことを教えられないでいる。学校という学びの場が「教えることと学ぶこと」の本来的な関係ではなくなっている。もちろん、受験や学習指導要領という現実的な制約を無視できるほど学校を取り巻く状況は甘くはない。ならば、せめて一年のうちの一日でも二日でもいいから、教師は本当に「教えたいこと」を教え、生徒は本当に「学びたいこと」を学ぶ日を作ったらどうか？　そんな提案を中学校教師達にしてみたが、「現場を知らない大学教師の戯言」として相手にされなかった。私の提案は「戯言」なのか？　そんな自問自答をしている時に出会ったのが愛知のサマセミであった。

サマセミの前身は一九八八年夏四人の高校社会科教師と一八〇人の生徒達でスタートした。四人の社会科教師の悩みは中学校教師にも通じるものであった。大学受験という制約、受験科目に選択しない生徒達の授業中の「内職」。教科書による学校での学びにほとんど興味や意欲を示さない生徒達。「学びたい生徒に教えたい」―そんな素朴な思いを抱いた四人の教師はチラシを作って配り始めた。「夏休みの初日に、しかも単位に関係ない授業に生徒が来るわけがない！」周りの教師達は大笑いしたという。ところがこの講座に一八〇人もの生徒達が集まった。悲観的になりかけていた四人の教師は意気高揚し、自分達が最も得意とする内容で熱く語った。特に男子校で教えている教師は、普段教室で目にすることがない女子生徒がいるだけで舞い上がり、熱弁をふるった。教師が得意分野を熱く語れば、その思いは生徒達を動かさないわけがない。生徒達が乗ってくれれば、教師はますます熱くなる。そんな連鎖の中で講座は大成功をおさめた。生徒達は学びの要求がないのではない。そんな確信を教師達は抱いた。

この取り組みの成功を聞いた周りの教師達も生徒達の学びの要求に感動し、翌年からは正式に「愛知サマーセミナー」として多様な教科の教師達が講座を開くようになった。サマセミの誕生である。

サマセミの発展

夏休みの初日に教師達が生徒のために講座を開く―このことを知った父母達は教師達の労をねぎらうため

にお茶やお菓子を出したり、参加する生徒の受付をしたりして手伝っていた。父母は様々な仕事を持ったり、NPOの活動に参加している人達がいる。そんな父母や、父母とつながりのある市民が講座を開くようになる。こうしてサマセミには「教えたい」という意志と内容を持つ人なら誰でもが教師になれる、というコンセプトが作られていく。第五回のサマセミから参加した私が特に印象に残っているエピソードを紹介したい。

児童虐待のNPO活動を行っている市民が講座を開くので、関心を持つ私は参加した。席の周りにはルーズソックスの女子高生達が陣取り、講師が話を始めてもおしゃべりをやめない。「うるさいな」と思いながら講師の話に集中していると、しばらくして教室が静かになっていることに気づいた。あたりを見回すと、先ほどまでおしゃべりをしていた女子高生達が一心にノートをとりながら講師の話を聞いている。中には、児童虐待の悲惨な状況にうっすらと涙を流す生徒もいる。講師の話は当然だが、私はこの女子高生達の姿に感動した。「女子高生」というと何かしら隠微な響きを持って語られることが多いが、彼女たちのまなざしは真剣そのものだった。手弁当で教える市民講師の多くが、こうした高校生達の真剣な姿に感動したとの感想を述べている。生徒達の姿は、閉塞状況にあるかのような日本社会にあって、未来につながる「希望の灯《ともしび》」なのである。(1)

「初めて語る俺の極道人生」、この講座タイトルは衝撃的である。満席を予想して早めに教室に行くと、すでに多くの生徒達がいる。講師は元ヤクザの市民である。彼は講座開始を前の方の席に座って待っているのだが、その周辺の席は半円状に空いている。立ち見の生徒も多数いるのだが、司会の促しにも関わらずなかなか空席に行こうとしない。「元」といってもそれなりの風格をそなえた講師の近くに座るのにはためらいがあったのかもしれない。講師の話を要約すると以下のようになる。

中学生時代に成績がふるわず、教師に反抗していた彼は当然学校では厄介者扱いをされた。街を徘徊する彼に優しく接したのはヤクザだった。そんなヤクザの世界に居場所を見出した彼は組に入ったのだが、その世界はきれいなものではなかった。悩みを抱いていたある日、幼い息子が腕にクレヨンで絵を描いている。「おまえ、何をしてるんだ？」という問いに「お父ちゃんみたいな絵をぼくも描くんだ」と答える息子。暑い夏で上半身裸のお父ちゃんの背中には立派な入れ墨が彫ってあり、息子にはそれが憧れなのである。「ばかもん！」と頭をはたき、消しゴムで息子の描きかけの絵を消して、また横になってうとうとしていた。すると背中がムズムズするので見ると、目に涙を浮かべた息子が消しゴムでお父ちゃんの背中の絵（入れ墨）をゴシゴシと消そうとしている。

「その姿を見て、私はヤクザをやめる決心をしました」

彼がどうしてヤクザの世界に入ったのか、そこで何を悩んだのか、そして抜ける決心をしたのか。おそらく学校では聞くことがない体験談を参加者は真剣なまなざしで聞きいっていた。

サマセミのような学びの場は学校単位でも「土曜講座」などの名称で開かれるようになっていく。生徒の側でも、「サマセミは確かに楽しい。でも、普段の学校の授業はつまらない。俺たちはサマセミに逃げているのではないのか」という意識が生まれ、日常的な学校改革に取り組もうとする動きもでてきた。また、各地域でも「プレサマセミ」が「教育を考える初夏の集い」の一環として開催されるようになっている。こうしてサマセミは、単に一年のうちの数日間として実現される「街とつながる夢の学校」としてだけではなく、日常的に学校や地域に「ほんものの学び」を実現する拠点として位置づくようになっていくのである。その一例を弥富高校（現、愛知黎明高校）の「学校づくりフォーラム」をとおして述べてみたい。

四者で学校を変えていく
—弥富高校の「学校づくりフォーラム」をとおして

愛西学園弥富高校は愛知県西部の弥富市郊外に位置する、普通科・衛生看護科をようする男女共学の私立高校である。同校では二〇〇四年の新しいカリキュラムの実施に向けて二〇〇一年度から生徒・教員・保護者・地域住民による「学校づくりフォーラム」を設置した。私はその第一回から学識経験者として参加してきた。新しいカリキュラムでは「CT（Creative Time）」と呼ばれる科目を金曜日の午後に新設した。[2]「人は自分が関心あることに全力で取り組むなかで伸びていく」という趣旨のもとに作られた時間であり、教師が設定するCTを生徒が選択するだけでなく、生徒の提案によってCTを作ることができるようにもなっていた。さらに、学校だけではなく、例えば社会福祉に関心を持つ生徒が社会福祉施設でボランティア活動を行い、施設が活動を認定すればCTの時間を学校ではなく、施設で過ごすことも可能であるとの説明がフォーラムでなされた。これを聞いて高校一年生のA君が「アルバイトをしてもいいですか？」と質問した。彼の家庭は母子家庭で経済的には豊かでなく、公立と比較して高い授業料を母親に払ってもらっていることに心を悩ませていた。そこで彼はアルバイトを社会勉強の場として位置づけ、その給料をアルバイト先から学校に振り込んでもらって授業料の足しにしたい、という提案であった。多くの教師が否定的な反応をするなかで、嘉陽校長（当時）は「君の提案は一考の余地がある。次回のフォーラムにきっちりとした提案を出しなさい」と指示した。

一カ月後のフォーラムには机上にB４判両面にびっしりとワープロ打ちされた紙が配布してあった。私は教師からの提案文書だと思っていたが、それはA君による「弥富っ子ハウス」の提案文書であった。A君は帰宅後フォーラムでの顚末を母親に話したのだが、母親から叱られたという。A君の母親は熊本の商業学校の卒業生で、在学当時「熊っ子ハウス」という地域の産物を販売することで地域の活性化につながる活動を授業の一環として行っていた。「授業料のことは私が頑張るから心配しなくてもいい。それより、学校の授業をアルバイトなどという個人的な活動でするのではなく、もっと地域や学校のためになる活動で使いなさい」というのが母親の言葉であった。母親の体験をヒントにA君は「弥富っ子ハウス」を提案したのである。活動の意義から仕入れ、販売の計画を詳細に示した彼の提案は、「ハウスを運営する仲間を募ること」という条件をつけて承認され、四月から開始されたCTの一つとしてスタートした。一〇人ほどの仲間とともに、他のCTが作る野菜や近隣の農家から仕入れた野菜を他市の日曜朝市で販売する活動はA君が在籍する三年間継続された。高校生が初めて体験する活動で様々な不備や失敗もあったが、こうした生徒の自主的な活動を引き出す役割をCTの時間は果たした。

CTに自分達の興味・関心を持ち込めば、学校の教師だけでは対応できない分野も当然出てくる。「福祉系CT」や「美容系CT」などはその典型である。弥富高校では、サマセミと関わりを持って誕生した「愛知市民教育ネット（現、アスクネット）」の協力を得て、このCTにナビゲーターと呼ばれる市民を派遣してもらった。CTには、同校の教員とこのナビゲーターが協力して運営するものがある。教員は生徒の日常的な姿を理解しており、ナビゲーターはCTに集まる生徒の興味・関心が「福祉」や「美容」のどんな部分に関わっており、アスクネットに登録している関連分野の市民講師のなかで、どの講師が生徒の現状とマッチしているかを判断できる情報を持っている。現在、小中学校でも「総合的学習の時間」で地域の市民講師を招く活動が一般的になっているが、多くの場合教師の個人的な狭い情報で招かれており、必ずしも生徒のニーズに対応できていないと私は感じることがある。その点、アスクネット登録講師は多様な講師陣を擁している。例えば、「福祉」というと施設の職員を連想するが、福祉に関わるボランティアには多彩な分野がある。島吉さん仁野さん姉妹は施設の障害者や老人達にドレスやメークアップを行って、「ハレ」の場を作る活動を行ってきた。姉妹がこれまでの経験を「福祉系ＣＴ」の生徒に話し、生徒達にメークの実演を行うと生徒達は互いの顔や爪先へのメークに興じた。そこで生徒達からは素朴な疑問が出される。基本はボランティア活動であるからドレスアップに使う華やかな衣装や化粧品にも費用がかかる。「その費用はどうするんですか？」という生徒の質問は当然であった。島吉さんは活動を始めた当初はもちろん全額自費で行っていたが、この活動が認められ公的な補助金を受けているということであった。生徒達はボランティア活動の意志と運営の見通しも学んでいった。このＣＴを通して姉妹と知り合った私は、他日姉妹が開催する会にカメラマンとして参加したが、障害を持った方や老人ホームで過ごす方々がメークアップしドレスアップした時の満面の笑顔が忘れられない思い出となっている。

この始まったばかりのＣＴでは、弥富高校の教員がそれぞれの得意分野や関心も関わって担当した。「美容系ＣＴ」は夫人が美容師の教員が担当していたし、「群舞ＣＴ」は今や愛知高校生フェスティバルの象徴的活動になっている群舞の創作と指導に関わっている教員が担当した。将棋が得意な教師が担当する「将棋ＣＴ」もある。「授業の一環であるＣＴの時間に将棋？」と思うかも知れないが、毎週「ＣＴ探検隊」という名のＣＴ（ＣＴの活動を取材して広報ビデオを作成するＣＴ。私と二名の生徒、卒業生一名の四人でスタート）でビデオ片手に回っていた生徒は、「授業中、全然集中しない同級生が将棋に集中している姿に感動した」との感想をもらしていた。先に紹介した嘉陽校長の言葉から言えば、将棋を通して集中力を伸ばしているということだろうか。

ここ数年、「学校づくりフォーラム」は授業改革をテーマにし始めた。愛知私学が同一項目で行うアンケートで、同校の入学満足度や自主的活動での満足度は上昇し続けていたが、授業に関しては満足度がなかなか上昇しなかった。「学校づくりフォーラム」ではこのアンケート結果を生徒に提示して意見を求めた。このフォーラムへの参加は任意であり、生徒会の役員が中心ではあるが教師の呼びかけに応えてそのクラスの生徒などが連れだって参加するのが通例となっている。だから、不満を持つ授業の担当教師がフォーラムに出席していることも多い。にも拘らず、面と向かって教師の授業を批判したり、他の教師の授業と比較しながら批評する生徒達の姿を毎回のように見て、まずこうした発言の自由が保障されているところにフォーラムの存在意義があるのだと思う。授業における教師と生徒の関係は、基本的には権力的な構造である。生徒が教師に反抗したり、気に入らない発言や態度をとれば、それは何らかの形で成績に反映するのが常だからである。（だから、私もさせられている大学の授業評価アンケートは、回収や提出までに調査用紙を見ることが禁じられている。）生徒達は中学生までに体験した「楽しい」「わかる」授業や、弥富高校でのそうした体験を出しながら自分達のめざす授業のイメージを作り上げていった。

あるフォーラムの日、二つのタイプの歴史の授業の一場面が教師からビデオで提示された。一つは伝統的な教師主導の一斉授業形式のもの。配布資料や板書が工夫されている。もう一つは、生徒の発言や活動を誘導するように具体的な教材が提示され、それをもとに生徒が気づいたことや質問を出しながら進めるタイプの授業である。視聴後、意見を求められた生徒の多くが、生徒が活動したり、討議を行う「生徒参加型」といわれる形態を歓迎した。そんな中で、入学して一年が経とうとしている一年生が次のような趣旨の発言をした。

歴史にあまり興味を持っていない人には活動型の授業がむいていると思う。でも、僕は歴史に興味があるし好きだから、知らないことをきっちり教えてくれる一斉授業の方がいい。

これを聞いて私は深くうなずいた。授業に何を求めるかは、生徒一人一人によって異なる。これまでばらばらに得ていた知識を系統づけたり、新たな知識を得ることで歴史を見る世界が広がっていくことを実感した彼にとっては、そのニーズを満たしてくれる一斉授業の方が要求になるのである。多数の意見に同調するのでなく、自分自身の授業像を一年生が発言したことにフォーラムの発展を見ることができた。

学校改革が叫ばれて久しいが、私はそのなかで改革の理念に「市場原理」を置いているものに批判的な意見を持っている。ここで言う「市場原理」とは、教育は顧客である生徒のニーズに応える「サービス」であり、学校はその「サービス」の質をニーズに応えて向上させるために生徒による「授業評価」（この評価の多くは、項目別に満足度を測るアンケートによって行われる）を実施するというもので、基本的には生徒は授業という「サービス」を選択し、消費する「顧客」あるいは「消費者」と位置付けられるものである。今や大学教育でも広く行われているこの考え方は、生徒を単なる「顧客」あるいは「消費者」として位置付け、授業を含めた学校改革の「主人公」であるとはみなさないという点で根本的に間違っている。学校や教師が用意した活動に参加することが「生徒参加型」の授業・活動であるという錯覚を大学生ですら持っている。学びたいことを学ぶのが学習であり、教師や学校はそれを援助・支援することが本来の教育なのだ、という視点が欠落しているのである。(3) 高校生フェスティバルに集う生徒達は、近年「私達は有権者ではないが主権者だ」という言葉や「主体者になる」という言葉をよく口にする。一八歳以下の子ども・青年に適用される「子どもの権利に関する条約」には、「意見表明権」が規定されているが、「子どもは自分達の身の回りの出来事に意見を表明する権利を有する」という第一二条は、単に大人が用意した活動に参加する「客体」として子どもをみなしているのではない。今教育界に広がっている「市場原理」は、例えば公立学校の「学校選択制」に見られるように、生徒や保護者を教育サービスの「顧客」「消費者」とみなし、学校づくりの主体者として位置付けない「改革」を主眼としている。これまで述べてきた愛知私学の活動や弥富高校の「学校づくりフォーラム」の実践は、この「改革」を乗り越える真の学校改革の一つの道筋を提起しているのである。

おわりに
―生活指導の新しい概念規定に関わって

私は「生活指導」の授業を大学で担当している。四月の新入生ガイダンスで「私は生活指導論を担当しています。明朝から大学正門で服装、頭髪検査で会うことになりますが、よろしく」という自己紹介を、もちろん冗談のつもりでしてきたが、最近はこれが冗談として通じない状況になっている。新入生の中には「こいつか！　生指の教師は」と明らかに反抗的な目で睨む者もいる。「生活指導」という言葉は大正期以来、詰め込みと訓練に明け暮れる学校を改革するキーワードとして在野の教師達によって創られ、発展してきた概念なのだが、多くの新入生にとっては自分達を苦しめてきた「敵」とうけとめられる状況がある。戦後の民主的教育改革を否定する動きと相まって生まれた「生徒指導」が学校現場で定着していくなかで、「生活指導」は言葉本来が持つ「学校改革のキーワード」という趣旨を忘れられ、「生徒指導」と同義のものとして受けとめられているからである。

他方、戦後の生活指導の概念規定も大きく見れば「学校において教師が行う子どもの生活の指導」とされてきた。

近年、生活指導研究の第一人者である竹内常一氏は、以下のような概念規定を提起した。

「生活指導にあっては、生活を指導するのは専門家やボランティアではない。かれらをも含めた人々の生活や生き方を『指導』するのは、『生活』そのものである。生活の民主的な共同化・社会化が専門家やボランティアを含めた人々の生活や生き方を指導するのである。専門家やボランティアは、その生活に導かれて専門的な仕事の在り方や自分の生き方を問い返すとともに、人々の生活に触れ、人々とともに生活の民主的な共同化・社会化を追求していくことを課題とするのである。(4)」

この規定には従来の生活指導概念から大きな転換が提起されている。教師が子どもの生活を指導するのではなく、生活が子どもを、そして教師までをも指導する、という発想である。かつて地域に存在した教育力を再生しようとした「地域に根ざす教育」という運動が一九七〇年代の日本で展開された。地域共同体に存在した教育力についてはかつて本誌で述べたことがある。七〇年代以降各地で盛んになっていく市民による様々な活動は、「生活」自体を捉え直し、市民の立場から「生活」を創造してきている。竹内氏の提起は、かつて存在した地域の教育力を今日的に再生し発展させる契機をそこに見出しているともいえる。サマセミの例でみたように、私たちの学びは教科書の内容だけではもはや不十分である。たえず生まれ展開する現実との関わりでなされる学びこそ「ほんものの学び」である。国民的統合の場として「中央」の価値を「地方」に持ち込むための学校ではなく、教育の住民自治をとおして主権者を育てるための場として転換するという構図が竹内氏の提起では俯瞰されている、と私は理解している。〈教師が生徒を指導する〉というこれまでの考えは、学校または教師が社会的に承認された「教育的価値」に基づいて生徒を指導する、というものであった。しかし現実にはこの「教育的価値」とされるものは支配者にとって「親和的」であっても、社会的に疎外され差別されている社会階層にとって「敵対的」であることは多くの研究者が指摘してきたところである(5)。大田堯氏が生活綴方教師である佐々木昂を例にあげて次のように述べているのは、その狭間で悩み子どもや地域の側に立場をおこうとした教師の自己変革の起点である。

「佐々木らの前には、その歴史的社会的条件をことにしながらもいろいろな歴史的、社会的な限定のもとにおかれた『生活』を背負った子どもたちと、それに対して、権力によってえこじな『表現』を期待する『公教育』があった。『生活』としいられた『表現』とのくいちがい、それをあたえて教材伝達の媒介者として、つじつまを合わせようとして、子どもにそむかれる佐々木らをふくめた公教育教師としての悲哀がここには深刻なものとしてあったであろう(6)。」

生活綴方教師は「子どもに学ぶ」という言葉をよく使ってきたし、児童文学者の灰谷健次郎氏がその作品で描く教師像はこのような自己変革の姿である。

このように考えてくると、学校にとって必要な評価制度は「教育的価値」を検証、検討し、民主的・共同的な実践と議論をとおして「教育的価値」を合意し創造するための評価制度、つまり自治的学校づくりのための場づくりであるべきである。サマセミと「学校づくりフォーラム」は、このような新しい生活指導概念が提起する学校再生の一つの筋道を示しているのではないだろうか。

ここに私の恩師の一人である熊谷昭吾氏による詩を載せて本稿を閉じたい(7)。

いい学校、見つけた！　—一教員の立場から—

熊谷昭吾

おいそれと転校ができないので
学生は苛立っている
いつまでも苛立っていられないので
学生はあきらめる
あきらめて校風というやつを身につける。

あいつのいるあの学校へ
あの先生のいるあの学校へ
あの講座のあるあの学校へ
いますぐ転校できたらなあ…
学生はそう願っている
おれにはそう思われてならんのだ。

むかし　てんぷら学生というのがあった
卒業証書なんか欲しがらず
ただ教室に座って講義が聴きたい
あっぱれな偽学生のことだ
かく言うこのおれにも覚えがある
粋な悪友に誘われて
あちこちの大学の教室へ潜りこんだものさ
東京帝國大學へも盗聴に出かけたぜ
国破れてあのころ
人びとは飢えていた
天高くあのころ
この国は自由だった。
いま、学校は息も絶えだえだ
「余計なことをするな」と言う
（個性は余計なことをしたがるものだ）
「生意気を言うな　するな」と言う
（若者はみんな生意気さ）
「反抗《プロテスト》するな」と言う
（若者はいつだって異議申立人さ）
あああのあおあおとした自由はどこへ行った？

なになに
野暮な校門のない自由学校がある？
なになに
制服も代紋《バッチ》も生徒手帳も要らぬ
自由学校がある？
なになに

センセイがほんらいの指導者にもどり
セイトがほんらいの学究に変身し
教えたいこと学びたいことを
教え学ぶ自由学校がある?
ある　あるんだ

七月
あついあつい七月
フランス革命記念日
祇園祭
そして《愛知県サマーセミナー》!

注

(1) 本稿では紙面の関係で割愛するが、「愛知私学奨学資金財団」一億円募金に取り組む高校生達の姿に、多くの市民から「あなた達は希望の灯です」という激励が寄せられている。経済的理由で就学が困難になっている仲間を救うために、毎月街頭で募金活動を生徒達が行っている。仲間のために活動する生徒達の姿はマスコミでも大きく取りあげられ、二〇〇八年春、当面の目標である一億円の募金を八年目で達成した。しかし、その後の経済不況により貸し付け対象生徒が激増し、資金が不足し始め生徒達は今なお募金活動に取り組んでいる。

(2) 本稿で述べたCTは二〇一三年度からの校名変更(愛知黎明高校)と新カリキュラムの実施に伴い「探求」として継承された。

(3) 学びにおいて「問い」をたてるのは子どもであり、それに「答え」るのが教師の役割のはずなのに、日本ではこの関係が倒錯している。佐伯胖「学びの場としての学校」(佐伯胖編『学校の再生をめざして2』東京大学出版会、一九九二年)を参照のこと。

(4)『現代学校教育大事典』(ぎょうせい、一九九三年)の「生活指導」(竹内常一執筆)の項を参照のこと。

(5) 例えば、『講座　学校』第一巻(柏書房、一九九五年)の奥平康照「学校論の転換」を参照のこと。

(6) 大田堯「教育実践におけるリアリズム」『教育』一九六〇年一月号、一一頁。

(7) 熊谷昭吾『詩集　すばらしい愚かもの』愛知私教連、一九九三年、八五~八七頁。同氏(故人)は元名古屋学院の教師であり、詩人であり、NHKドラマ「中学生日記」の脚本を担当したことがある劇作家でもある。

初出 「生徒・父母とともに学校を変える」『リーラー「遊」』第七巻、二〇一一年一一月。

私が出会った子どもたち（2）

「もしも一七歳の私が今の自分を見たらどんな顔をするんだろう。時々そんなことを思います。『まじめに勉強なんてしちゃってどうしたの？』『遅刻も休みもしないで学校に行くなんて信じられない！』」　サマセミ恒例の「大きな学力弁論大会」で語り始めたFさんのこの言葉を私は理解できなかった。おかっぱ頭に制服姿のFさんがその時三六歳であることは弁論の途中で知った。Fさんは中学生時代学校に行かず、昼と夜が逆転する生活を送り、仲間とヤンチャをしていた。高校を中退した彼女は「勉強なんて社会に出たら何の役にも立たない。早く社会に出た方が経験になる。学校なんて時間の無駄」と本気で考えていた。彼女の転機は、大好きな祖父の危篤・臨終に立ち会った看護師の姿を見た時だった。すでに三五歳になり、結婚し子育てをしている彼女が看護師の道を志すのは容易なことではなかった。入試勉強に苦労する娘のために母親が探してくれた先生は「志を持って勉強するならどれだけでも教えるから。ちゃんと分かるまで何度も聞いてね」と励ましてくれた。弥富高校衛生看護科に合格した彼女は、家事や育児をかかえながら勉強に苦労する。私が見た数学の授業では、教えてくれる前の席の同級生に「分からん」という表情で必死に勉強する姿があった。弁論大会で知り合ったFさんと校門で出会った時「先生、今日はなんで学校に来たの？」と問われ「今日からこの学校に勤めるんだよ」と答えると、本当に目をまん丸くして「嬉しい」と言ってくれた。Fさんは無事卒業して看護師として元気に働いている。

二　主権者としての学び

―愛知の高校生の姿をとおして

はじめに

二〇一五（平成二七）年六月、公職選挙法等の一部を改正する法律が成立し、公布された。施行が本年（二〇一六年）六月一九日であることから、夏に予定されている参議院議員選挙には約二四〇万人の一八、一九歳の若者が選挙権を行使することになる。

こうした経緯に関して大きくは二つのことに注目したい。

一つは、安保関連法案反対にSEALD'sをはじめ多くの若者達が立ち上がったことを受け、彼らに対する期待がおとな達の間に広がり、共に未来を拓くための協力・共同を模索する動きである。しかし他方では膨張する軍事・防衛予算や大企業減税などの問題から目をそらすように「シルバー民主主義の弊害」を強調して世代間対立を演出し、政権与党の側に若者層を取り込もうとする動きがある。その意味で一八歳選挙権は今まで以上に日本の将来を掛けた問題となっている。

二つには、以下に述べる総務省・文部科学省が作成した副教材、高校生の政治活動を規定した一九六九年通達の見直し、あらたな基準づくりの動きである。ここには一定の評価すべき点を認めつつ、模擬的な有権者教育によって現実の政治問題に対する認識や行動に制限を加えようとする動向に懸念を抱かざるをえない。

本稿ではこの二つの動きをふまえ、特に学校内外における高校生の政治活動、「主権者教育」と「有権者教育」との関係、主権者としての自己形成における「学び」「行動」「つながり」の問題について考察したい。

一八歳選挙権実施と高校生の政治的教養教育と政治的活動の抑制

公職選挙法等の一部を改正する法律が成立したことを受けて、九月二九日には総務省と文部科学省の連携作成による「私たちが拓く日本の未来」（生徒用副教材、教師用指導資料）が公表された。さらに、一〇月五日には「高等学校における政治的教養と政治的活動について」（一九六九年文部省初等中等教育局長通知）の見直しに係る関係団体ヒアリング（第一回）が開催された。ヒアリングの参加者からは、六九年通達の廃止を歓迎しつつ、あらたな通達に関して様々な懸念が出された。

「現在の六〇代前半の方たちは、それ（六九年通達—引用者註）以降、中立という言葉が独り歩きをして、中立ということが触れてはならないもの、避けるものということで、はっきり言いますと、学校教育の中で政治的教養を育むような学習をしてこなかったという方たちが今の六〇代前半以降の人たちだと思います。私も含めて。そういうことが社会的課題への関心の薄さ、あるいは政治参画への関与度の低さというところに実は表れてきているのではないかと、そういう問題意識を持っております。」（佐野全国

高等学校ＰＴＡ連合会会長）

「学校生活に関わることを自分たちのものとして出すわけですよね。それは学校外のこととはいえ、でも生徒会活動とか生徒会として、学校生活の改善を求めるということは非常に意味があることだと私は思っているんですね。それが、ただ、この政治的活動だからやってはいけないとなってしまうと、それを萎縮させることにつながるのではないかなと思うんですけれども。」（副教材作成協力者の林大介東洋大学社会学部助教）

他の参加者を含め、およそ以下のような意見が出された。

（一）教育基本法第八条第一項（政治的教養の重視）が優先されるべきで、第二項（特定の党派的政治教育の禁止）の制限条項の強調が抑圧的効果を持つのではないかという懸念

（二）大人たち（保護者、教師を含む）の政治的教養の向上

（三）政治的活動に関する非合理的制限・排除に対する慎重論

（四）家庭と学校の連携、相互理解

また副教材「私たちが拓く日本の未来」の教師用指導書（「活用のための指導資料」）には二〇一五年三月に文科省初等中等教育局長名で出された「学校における補助教材の適正な取扱について（通知）」が掲載されている。そこには「最近一部の学校における適切とは言えない補助教材の使用の事例」が指摘されているとの認識に立ち、「有益適切な補助教材の効果的使用を抑制することとならないよう」留意するとしつつ、教育委員会は「必要に応じて補助教材の内容を確認するなど、各学校において補助教材が不適切に使用されないよう管理を行うこと」を地方教育行政の組織及び運営に関する法律第三三条第二項に基づいて要請している。

この流れから推察すれば、今回発表された副教材を具体的・創造的に現場が活用する際に補助教材（プリント、視聴覚資料、新聞など）の使用に関して監視を強める意図を感じざるをえない。また、学校の課外、校外の活動に関して「放課後や休日等に、学校の構外で行われる政治的活動については、違法なもの等は禁止されるほか、学業や生活に支障があると認められる場合などは、禁止することを含め、適切な指導が求められる」として、学校が生徒の活動を監視、取り締まりをする役割を担わされていることにも問題を感じざるをえず、佐野全国高等学校ＰＴＡ連合会会長からは以下のような懸念が出されている。

「今回の通知、特に学校における政治活動のところで、どうしても目が行くのは、制限又は禁止、あるいは禁止することを含め適切な指導というところだろうと思います。この言葉については非常に慎重に皆さん、捉えられると思うんです。（中略）必要ではない、合理的ではないと思われるような制限あるいは禁止を加えないということを、私自身は基本的な合意といいますか、基本的な意識として持つべきではないかなと思っているところでございます。」

次項では私が関わりを持つ愛知の高校生たちの主権者としての成長から考えてみたい。

「私たちは有権者ではないが主権者だ」
―愛知県高校生フェスティバルの生徒達

今年で結成三〇年を迎える愛知県高校生フェスティバル（以下、高フェスと略す）の生徒たちは「高校生は

1000人群舞で平和を訴える生徒達

無力じゃない」「私たちは有権者ではないが主権者だ」との立場から、自分たちの様々な声を社会に発信し続けてきた。

二〇〇四年一〇月三一日の学費公私格差是正を求める全国集会を機に県外の高校生とつながり、翌二〇〇五年の愛知新入生歓迎フェスでは初の全国高校生サミット「その時、社会が動いた！」を開催した。「しょうがない病」が蔓延する社会を高校生達が変えようという流れはその後も引き継がれ、例えば二〇〇八年愛知サマーセミナでは薬害肝炎訴訟原告・福田依里子氏を招いて「社会を変える！」という講座を設定し、国を相手に闘い続けている福田氏の思いを学んだ。昨年夏には広島の「平和の灯」と東北被災地の「復興の灯」を各地の高校生とともに原爆と震災語り部に学びながら自転車リレーで結んだ。

愛知高フェスは経済的理由で学校をやめざるをえない仲間を救うために、毎月〇（ゼロ）の日に街頭で「私学奨学資金財団　一億円募金」活動に取り組んできたが、〇八年に目標額を達成するとともに現在も活動を継続し、高校生の仲間だけでなく「まだ見ぬ仲間を救おう」として経済的理由から進学したい高校を自由に選べない中学生をも意識し始めた。若者達は自己中心的だとする世相のなかで、ある時は「金がないなら公立に行け」という罵声を浴びながら、ある時は唾をかけられながら「利他」の活動をねばり強く続けている。このような現実的な活動を通して彼らは現実的な問題に関心を抱き、考え続けているのであり、副教材が想定する「模擬的」な世界にとどまっているわけではない。現実的な活動と関心があるからこそ、彼らの学びは現実の世界に向かっていく。

＊愛知私学の運動理念と数々のエピソードは、寺内義和『されど波風体験』（幻冬舎ルネッサンス）を参照のこと。

主権者としての学びの発展

愛知では一九八九年夏、第一回愛知サマーセミナー（以下、サマセミと略する）が開催された。教師と生徒を中心としたサマセミは父母や市民が合流し、現在では三日間に二〇〇〇を越える講座とのべ六万人が集う学びの場となっている。このセミナーのコンセプトは「だれでも先生に、だれでも生徒になれる」「夢の学校」「街とつながる学校」である。近年は生徒が開講する講座が三〇〇をこえ、生徒が主体者になり始めている。先に紹介した福田氏の講座のように、学校ではなかなか学べない事柄を学ぶ機会を自らの手で作り出している。

サマセミの運営には毎年三〇〇人をこえる生徒が関わっているが、その中で素朴な疑問が出された。「サマセミの講座はおもしろいのに、なぜ学校の授業はおもしろくないのか？」生徒達は生活の中で様々な疑問

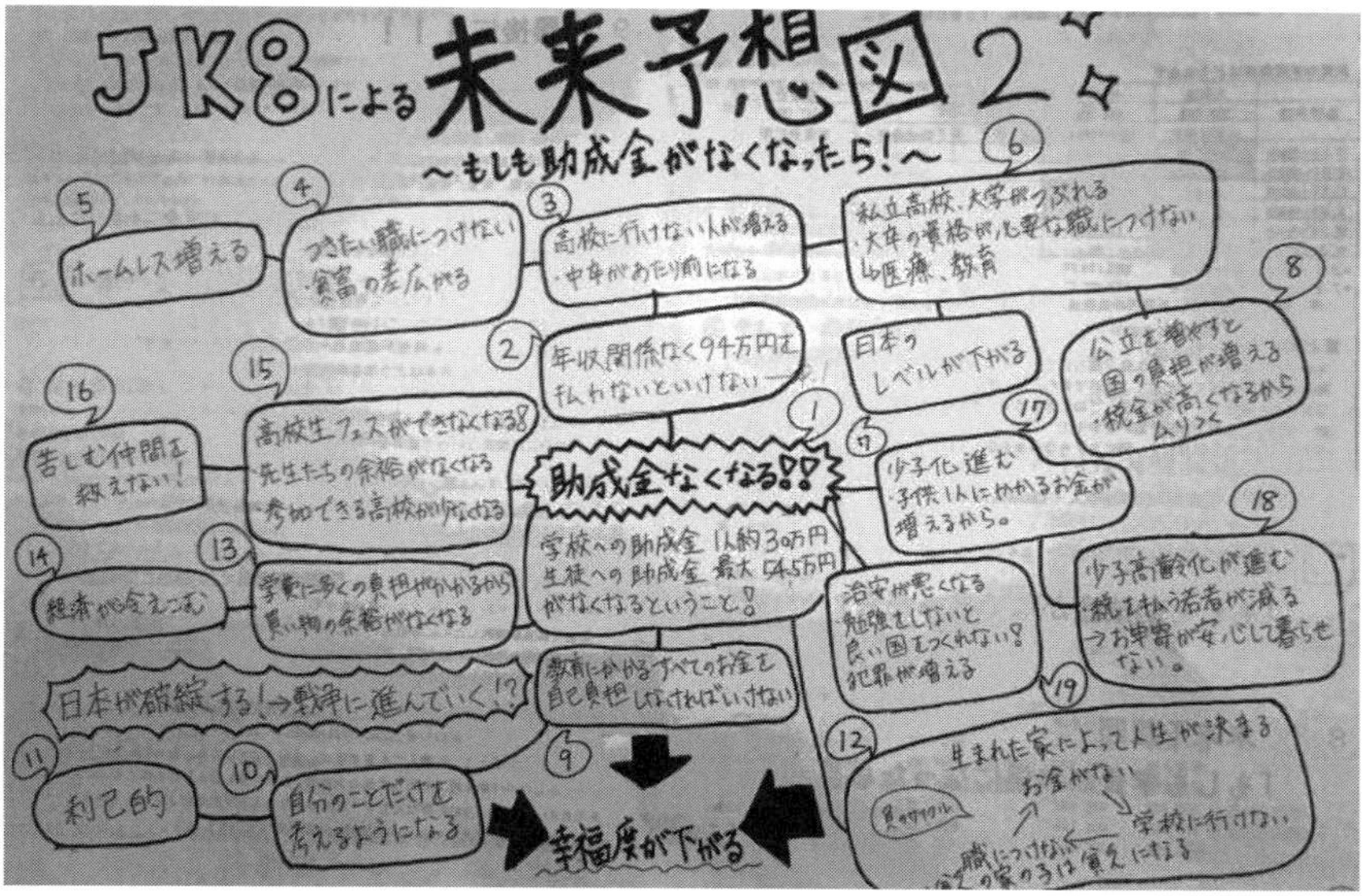

や関心を抱いている。そのことに応える学びが実現するとき彼らは「おもしろい」と感じるのであり、学校の授業が応えていないから「おもしろくない」と感じるのである。こう言うと、「学校は基礎・基本を学ぶところだ」という反論がすぐ聞こえてきそうだが、学びの筋道はこれだけであろうか。基礎・基本を系統的に学べば現実をするどく見つめ、考える力がつくのだろうか。

二〇一五年のサマセミの私学助成講座をきっかけにして生まれたJK8の学習活動を通して考えてみよう。JKとは「女子高生」ではなく「助成金」からとったものである。当初八名の中高生でスタートしたJK8には現在二〇名ほどが参加し、JKに「授業改革」の意味を加え、さらに「一八歳選挙権」にまで学習の課題を広げてきている。彼らの学びの特徴は現実の問題(例えば私学助成)を起点として「学びの木」を軸とした「未来予想図」を描いているように、一つの現実が他の様々な現実と結び合うことを集団的な討論を通して確認、共有していっていることにあるといえる。メンバーの一人は次のように語っている。

「私達はたくさんのことを学んできました。学んだことによって自分の視野が何倍も広がったりとか、すべての学びが楽しかったと心から感じたということがすごく強かったです。じゃあ、授業とどう違うのか？　なんで授業は心から楽しめないのか？」

これに関わって学習会のまとめでマネージャーの生徒は次のようにふり返える。

「私もはじめは学校の中に学びなんてないと思っていました。なぜなら、私は高フェスに入ってから学びの楽しさを知ったからです。学校の勉強なんて大学受験のためじゃん。そう思っていました。だけどこのレポートを作る会議や、今のレポートを聞いていて改めて分かったのが、学校の学びで培われてきた基礎知識がないと高フェスでやっている学びが実は本質的には理解できないんじゃないかと思いました。」

社会と直接つながる学びから〝学びのスイッチ〟オンになることはこれまでもよく語られてきたことだが、それを起点に学校の学びの意義を捉え直すことを中高生が意識していることに注目したい。しかも学校の学びをそのまま肯定しているわけではなく、かれらの学びの筋道を基に考えている。つまり、彼らの学びが「経済的理由で学べなくなる、行きたい学校で学べなくなる」という現実の問題の認識と、一億円募金活動という行動に支えられて出発し発展してきたということである。だからかれらの学びは〈思い〉と〈行動〉

と〈つながり〉というサイクルに位置づけられたものなのだ。

「学べば学ぶほど思いが強くなる。思いが強くなればもっともっと行動したくなる。つながりを生み出したくなる。この両方を達成するためには学びの楽しさを私達がどんどん広めていく必要があります。学びを発信することで人の意見を聞けたりして自分の中での考えが確立していきます。こんなふうにたくさんの力を集めているのが学びです。」

生徒のこの発言には〈認識〉と〈実践〉の往還で深化する学びが〈共有〉を通して現実を変えていくという、主権者学習の根幹が表れていると私は読み、ここにこそ世代をこえて未来を作る希望を見いだしたい。

おわりに

六九年通達を廃して出された二〇一五年通達は、政治的教養の教育を全面に押し出すと言うよりは政治活動、政治教育の禁止制限を強く意識し、学校に取り締まり的役割を担わせようとするものであるとの懸念を抱かせるものとなっている。私達はここで二つのことを思い起こすことが必要なのではないだろうか。

一つは、子どもの権利条約第一二条にある「意見表明権」である。本条約が対象とするのは一八歳未満の子どもであり、彼らにも自分たちに関係がある事柄について意見を表明する権利があるとしているのである。この点から見れば、一八歳選挙権問題が学校や教育に問うているものは、単なる「有権者教育」ではなく「主権者教育・学習」の構築であることは間違いないことである。高校だけでなく小中学校を含めて主権者の形成という視点から日本の教育を立て直す必要があり、その時学校での学習が授業だけでなく自治的活動を含めて再検討されることが求められており、さらに学校外での様々な学びと活動を社会が保障していく合意の形成が求められている。

二つには、一九四九年台東区子供議会による国会史上初めての子どもによる請願を受理した松平参議院議長の「たとえ子供にしろ基本的人権は大人となんら変わらない」という言葉である。「私たちは有権者ではないが主権者だ」と言い続けてきた高校生達の声を真摯に受けとめるべき私達大人の姿勢こそが強く問われている。

初出　『生活教育』第六八巻第三号、通巻第八〇八号、二〇一六年三月。

三　「一人ぼっちの親をつくらない！」
―愛知父母懇にみる子育てネットワーク

「一人ぼっちの親をつくらない！」これは「私学をよくする愛知父母懇談会」（以下、愛知父母懇と略す）が一九八〇年の結成以来活動の基本にしてきた合い言葉である。愛知父母懇は全国にある私学の父母の組織（名称は様々だが）の活動に触発されて結成された父母と教師の懇談会で、今日では名古屋ドームを生徒や市民とともに九万人で埋めつくす愛知私学運動の一翼を担っている。

愛知県では高校生の三人に一人が私学に通うように公私の定員が合意によって定められているが、父母懇結成当時の学費の格差は約三〇倍にもなっていた。しかも「公高私低」と言われるように、公立高校入試に「失敗」して私学に通う高校生が多くいた。愛知私学の再生を描いた映画『それぞれの旅立ち』にあるように、「雨が降ると傘で顔を見られなくてすむから嬉しい」という気持ちを起こさせるような劣等感を抱いて高校生活をスタートせざるをえない生徒の姿、それは四〇数年前の私自身の姿でもあった。この劣等感は親も同様であった。

「お宅のお子さん、高校入試はいかがでしたか。」
「おかげさまで公立に合格しました。」

「それはおめでとうございます。親孝行なお子さんで良かったですね。」

こんな挨拶が初春には街のあちらこちらでかわされる。私学に通う生徒の家庭は必ずしも裕福ではない。公立に通う生徒の家庭が必ずしも貧困ではないのと同じ事である。にもかかわらず、私学に通う事になった子どもは「親不孝」で、親は子育てを「失敗」したかのようにみられる。

劣等感と屈辱に満ちた気持ちでスタートする高校生活、それがどんなに暗いものであるのか、同じ「失敗」組である私にはよく分かる。こうした屈辱のスタートは、思春期を迎える高校生の心に深い傷を生み、様々な「問題行動」を起こさせる事は容易に想像がつくだろう。

わが子が起こす様々な「問題行動」で、親は再び子育ての「失敗」を責められる。特に子育てを「任されている」母親達の苦悩は大きかった。六〇年代の高度経済成長政策以降の地域変貌のなかで、地域の共同性が失われていき、地域でも家庭でも孤立し、子育ての悩みを一人で抱える親。これが「一人ぼっちの親」なのである。愛知父母懇はこうした親をつくらない活動を地域と学園で押し進めてきた。愛知父母懇の特徴は、学園単位の父母懇だけでなく結成当時から地域の父母懇（ブロック父母懇と呼ばれ、現在県内には五〇ほどのブロックがある）活動を大切にしてきた。それは、経済的・精神的公私格差によって生み出された父母の壁を乗り越え、未来を担う子ども達を皆で育てようという思いからである。七〇年代から日本各地で展開された「地域にねざす教育」は、都市部ではなかなか発展しなかったと言われるが、愛知では私学運動がそれを発展させてきたと言える。

私自身は研究者の立場からこの運動に注目し、一九九二年から愛知サマーセミナーや高校生フェスティバルに参加してきた。「誰でも先生になれる、誰でも生徒になれる」というコンセプトで一九八九年に始まったサマーセミナーでは、教師、生徒、市民とともに父母も多く参加している。わずか一八〇人でスタートし、三日間でのべ四万人が参加するまで発展したこのセミナーは教師・父母・生徒・市民の四者の連携の産物である。講座の講師はもちろん、受付や掃除、資料印刷など「夢の学校」を支える仕事を多くの父母が担っている。父母といっても現在子どもが中学・高校に通っている「現役」父母だけではない。子どもが卒業した後も、その子が親になって孫がいる父母も「OB／OG」として参加している。「父母懇に卒業はない」という合い言葉もある。何故なのか？「悦ちゃん」の愛称で親しまれているOB／OG父母は、子どもが高校を中退せざるをえなくなったが、「君は一生私の生徒だ」と言ってくれた教師に意気を感じ、以来ずっと地域や学園OB会の活動を続けており、その気さくな人柄から、高校生や卒業生の連絡、相談ごとが今なおよせられている。また、子どもの問題行動に悩む母親は、元気に活動する高校生の姿をみて「お母さん大丈夫だよ。あなたの子どもも大丈夫だから」というメッセージを感じ取り、わが子を見るまなざしが変わったという。父母が父母懇に関わるようになるきっかけは「わが子の子育て」であることが多い。だが、父母懇活動を通して出会う他の父母や生徒、先生達との交わりを通してわが子を見つめるまなざしが変わり、より広い視野から子育てを考えるようになっていく。「子育て」と「親育ち」を一体のものとしてとらえるようになっていくのである。

また生徒たちは経済的理由で退学の危機にさらされる仲間を救おうと「一億円募金活動」（年間一二万円の奨学金を貸与する私学奨学資金財団の活動の一環、現在一億四千万円）を始めた。そのスローガンに、経済的理由で私学進学を断念しかけている中学生を意識して「まだ見ぬ仲間を救おう」を加えたように、自分の幸せと他人の幸せとを重ね合わせて追求する姿（生徒たちは「利他」という言葉で語る）からは「自分育ち」を仲間とともに視野を拡げながら実現していることを感じ取る。

愛知父母懇総会会場前の「一億円募金達成」記念写真（前列右端が筆者）

愛知私学の運動の基本組織は〈愛知私教連〉〈愛知父母懇〉〈愛知県高校生フェスティバル〉〈愛知市民教育ネット〉の四者である。今日発展している父母・生徒・市民を組織した中心に私教連の教師がいることは事実であり、その実践の思想は検討に値するものであると思う。例えば、私教連が提唱する「父母提携三課題」の中には「学級通信の発行」が位置づけられ、組合活動の評価軸にも明記されている。一般的には小・中学校でのイメージが強い学級通信を組合活動の父母提携の重要な仕事の一つとしているのは、学級通信が日常的な父母提携を子どもの発達の事実をもとに行おうとする姿勢のあらわれである。

生活綴方教師は学級通信の発行に関して先駆的な取り組みを行ってきた歴史がある。しかし、通信の発行は様々な困難にぶつかってきた。例えば、尼崎市に新採として赴任して学級通信を発行してきた教師が、結婚のために転勤したある市で、学級開きのために前夜ガリを切った原紙（当時の印刷用原版）

を校長が「本校ではこのようなものは出さない」と言って目の前で破り捨てたという事例。学級間で不公平になるから学級通信の発行を禁止するという決議をしたある県の組合分会（この分会決議は組合支部から批判されて撤回されたが）。最近では意気高く赴任した卒業生が学級通信の発行を校長から差し止められたということも聞いている。他方では教員評価の項目にホームペイジの作成があるのに学級通信の項目はなく評価もされないという「情報公開」や、教育をサービスと位置づけ、本来は教師と共に学校づくりを担う主体であるはずの保護者・地域住民をサービス消費の顧客と見なすような「地域連携」の姿がある。学校づくりの基盤は、子どもの発達の事実を共有し、そこから子育ての方向性を合意しながら教師と保護者、地域住民がそれぞれの役割を意識化していく日常的な連携である。学級通信はこの営みに大きな力を発揮してきた歴史がある。そこには農村部であろうと都市部であろうと基本的な違いはない。愛知私学が学級通信を父母提携三課題の一つに位置づけ、日常的な父母・保護者との連携に取り組んでいるのはその証拠であろう。

学級通信の発行は保護者との提携のきっかけの一つであり、より基本的には保護者や地域住民が学校づくりの主体となっていく場の組織である。「炉端懇談会」や「地域懇談会」など様々な呼び名で生まれ、現在も継続している組織は全国各地にある。また、愛知市民教育ネット（アスクネット）のように、父母提携の枠を越えて日常的に学校改革・教育改革の志を持った市民と学校をつなげる仕事を行うＮＰＯ法人も各地で誕生している。今教育界で広がっている「学びの共同体」論もこうした関係性の構築を基盤として真の「共同体」の名にふさわしいものとなるのであろう。

学級通信の発行や組織づくりといった、いわば形のある提携はそれだけで機能するわけではない。懇談会終了後の「飲み会」での腹をわった話し合いや、カラオケでのドンチャン騒ぎ等を通して、教師と保護者という関係だけでなく子育てに関わる人間同士の付き合いを保護者は求めている。当然のことであるが、いろいろな経歴を持つ父母・保護者がおり、特に若い教師にとって父母提携は時として「重たい仕事」であるかもしれない。事実、ある県の教育委員会関係者に聞いたところ、教員の資質として最近特に重要になっているのは保護者と関係を築く力だという。保護者との関係をうまく作れずに悩む若い教師が増えているというのだ。そのような教師を孤立させず、つまり、「一人ぼっちの教師をつくらない！」教師集団として地域の保護者・住民と連携していく努力、そこに学校と教育の蘇生の道筋があるものと確信する。

「競争の教育」のもとで「自己責任」が強調されるなかで、子どもも親も、そして教師も孤立させられ過度に適応するか不適応になるかをせまられる今日の学校と社会、そのありかたを変えていく力の一つの源を私は愛知私学運動の歴史と現在に見出している。

＊「父母」という名称は今日では「保護者」と言い換えた方が適切であろうし、実際、様々な要因で生徒の保護者が「父母」でない場合もある。しかし創立四〇年を越えた父母懇は長くその名称で呼ばれ、定着しているのでそのまま使用した。「ＯＢ会」という名称も同様に使用した。

初出　「親と築く地域の懇談会―一人ぼっちの親をつくらない！」『現代と教育』第八〇号、二〇一〇年四月。
「地域と学校―生活指導の新しい概念に関わって―」『作文と教育』第七七二号、二〇一〇年一二月号。

第六部　教育と教育学研究

一　教育実践をともに創造する教育学研究

校内暴力事件と学校改革

（一）三重県の校内暴力事件と研究者の社会的責任

一九七七年から三重大学教育学部に勤務し始めて三年後、一九八〇年一〇月末に尾鷲中学で「校内暴力事件」が発生した。八〇年前後には校内暴力事件、特に対生徒暴力や校内の器物破損は多数発生しており三重県もその例外ではなかった。尾鷲中学の事例が特に注目されたのは「校内における〝対教師暴力〟という新たな要素をつけ加え、それを広く一般社会に定着させた」点にあったと山田正敏は指摘している(1)。また、その特異性は「教師に対して生徒が集団的に暴力を加えたことであり、その事態収拾のために大量の制服警官が導入された」ことであった(2)。早速同僚のF氏と共に同校の教師への聞き取り調査に出かけ、事件の直接的な要因について聞くことができた。

後日、N放送津支局から校内暴力事件に関する一五分番組を制作するので協力、出演してほしいとの依頼がきた。もともとは同僚のI氏に持ち込まれた話であったが、生活指導分野を担当しているとの理由から私に回ってきた。その同僚と共に支局に出向き、番組制作の担当者から制作の意図などの説明を受けたが、私にはとうてい受け入れがたい内容だった。要するに校内で破壊行為を行い、教師達に暴力をふるうという反社会的な行為をした中学生達を糾弾するというものである。尾鷲中学事件に関して私は山田正敏の次のような言葉に全く同感だからである。

「子どもが非行を重ねると親も教師もその当事者として腹が立ち、怒りが先にくることはよくあることである。しかし、その怒りは、本来非行というゆがんだ型でしか子どもを発達させえなかったもの、実はわれわれ大人とその社会の仕組みへの怒りであるべきであって、その子ども個人への憎しみと怒りの感情であってはならないものである。(3)」

暴力や器物破損自体は非難されて当然の行為ではあるが、中学生達がなぜそのような行為におよんだのか、というところを解明せずに対策を論ずるだけでは学校はよくならない。その点を深くとらえる番組なら協力するという私の立場と支局担当者の立場の距離は遠く、数回の話し合いの後、決裂寸前で支局側が折れて番組作り全体を任せてもらった。若い担当者とカメラスタッフをつけてもらい番組制作がほぼ完成した日の早朝、支局から「常磐中学校で校内暴力事件が発生した。常磐で全面的に作り直したい」との電話連絡がきた。早速支局に行くと、番組冒頭に流すニュース部分が既に編集されていた。

記者「昨日生徒による校内暴力事件が起きた常磐中学は、今日になっても取材の記者に罵声を浴びせるなど騒然とした状況です。」

〈生徒達の「罵声」〉

記者が「罵声」と言ったものを何回も聴き直すと、「何してるんだ！　授業中だろう！」「学校の許可は取ったのか！」という生徒達の声だった。取材にあたった時間、教師達は緊急職員会議を開いており、生徒達は教室でクラス討論をしていた。そこに無許可で教室に入ってマイクを向け「昨日の事件についてどう思いますか？」という「取材」をしたことに生徒達が怒ったのである。「これはあなたたちの方に非があるのでは」と私は指摘したが、「罵声を浴びせられたのは事実です」と言って記者は譲らなかった。番組の本番に関しても全く予想外（リハーサルと全く違う）の展開となって暗澹たる気持ちで放送局を後にした。研究者の「お墨付き」でマスメディアの立場を報道するという姿勢に疑問を感じざるを得なかった。教育問題にかんして研究者がコメントを求められることは多いが、少なくとも私にはマスメディアの意図を覆して自説をつらぬく力がなかったことを反省するとともに、研究者の社会的責任を思い知らされた出来事であった。

（二）学校のあり方を考えたこと

「教育方法学」という研究分野を専攻している関係もあり、主に小・中学校の研究会や授業参観に行く機会があるが、当時中学校では教師と生徒が、おそらく愛する人の前では絶対に見せないであろう表情、その人の最もすさんだ表情でいる場面に出会うことがたびたびあった。こんな表情で対峙している関係性のうえに、〈教育―学習〉が成り立つのか、という疑問が浮かんだ。この原因は単に個人的な問題のレベルにあるのではなく、学校という仕組みが制度疲労を起こしているからではないのか。多くの生徒達は高校受験合格という動機に縛られて学習し、教師もまた入試合格のために授業をする。教師の側は、個人的には学習指導要領や教科書に拘束されることなく、眼前の生徒達の状況をふまえてもっと興味深く意義ある内容を授業で扱いたいと思っている。生徒達も受験のためだけではなく、自分の疑問に応えてくれる学習を求めているのではないか。そんなことを考えて、中学校の教師達に以下のような提案をしたことがある。

「中学校が厳しい状況下にあることは分かるから、せめて一年に一日でもよいから、先生達は本当に教えたいことを教え、生徒達は本当に学びたいことを学ぶ日を作ってみたらどうか。先生達が教える内容は、例えば卒業研究で源氏物語を研究した人であれば源氏物語でも良いし、釣りが得意な人であれば例えば紀州釣りの授業でもかまわない。学ぶことの楽しさを活き活きと伝える教師の姿を生徒達に見せる日を作れば、学びや教師に対する生徒の見方も変化するのではないか。」

この提案は〈現場を知らない大学教師の戯言〉という雰囲気の中で一蹴されてしまった。私の提案自体も練られたものではなく、教師達を納得させるようなものではなかった。しかし、学校を真の学びの場に変革すべきだとの思いは消えることがなかった。

(三) 愛知サマーセミナー「夢の学校」との出会い

そんな時、母校（愛知の私立高校）の恩師から愛知サマーセミナー（以下、サマセミと略す）の存在を知らされた。私が知った時にはすでに第五回をむかえていたサマセミに参加して、先に提案した「夢の学校」が現実に存在していることを初めて知った。

サマセミは一九八八年の「社会科セミナー」を前身として翌年誕生した。

「日常の授業は、いろんな制約があって、本当に教えたいことを教えることができない。それでは、生徒の心に響かないのではないか。だから、発想を根本的に変えて、『教えたいことを教え、学びたいことを学ぶ場』にしよう！」[4]

サマセミの詳細をここで述べる誌面の余裕がないのでホームページなどを参照していただきたいが、この年間三〜四日の取り組みが各学園の授業改革と結びながら発展していること、生徒自身が講座を開き「学びの主体者」をめざし始めていること、さらに地域でのサマセミ日常化活動が展開し、〈共同体における学び〉を展望してきていることを特筆しておきたい。[5]

一九八〇年代には校内暴力だけでなく、不登校やいじめ、管理主義教育など、学校をめぐる問題が社会問題として大きく取り扱われ、様々な教育実践や学校改革も生まれた。そのなかには諸外国のフリースクール運動の紹介文献だけでなく、奥地圭子氏が主宰する東京シューレのように不登校対策としてではなく「選択登校」という概念で公教育の制度改革を提唱する動きもでてきた。そして、そこでの学びには「学びたいことを学ぶ」という理念が位置付いている。

佐々木昴研究からの疑問

（一）読解できない佐々木の言葉―自己の教育学的眼鏡に対する疑問

学生・院生時代から生活綴方と北方性教育運動の研究に携わってきた私には、一九八二年に刊行した『佐々木昂著作集』の作成段階でどうしても読解、理解できない一文があった。

「生活の流れの中に教材を位置させるのであつて教材を読解するために生活を手段かすといふ観方をとらない。(6)」

これに戸惑いを覚えたのは、戦後生活綴方的教育方法が批判を受けていたこと、特に小川太郎の認識論からの批判が念頭にあったためである。小川の批判の仕方については私自身が批判をしたこともあり(7)、小川の論を肯定した訳ではなかったが、「はいまわる経験主義」と評された問題解決学習と同様の発想を佐々木の一文に感じたことによる戸惑いであった。先に述べたフリースクール運動の提起もあるなかで、自己の「教育学的眼鏡」に対する疑問が生じ、生活綴方教育が批判的であったとされる「いわゆる新教育」の実態を自分の眼で確かめてみたいと考えるようになった。

(二) オールタナティブスクール、フリースクール、フレネ教育との出会い

『教育に強制はいらない』(大沼安史著、一光社、一九八二年)などの文献をたよりに、アメリカ合衆国カリフォルニア州サンフランシスコ市近辺の小中学校、フリースクールを四校を参観する中で、子どもが自主的に学ぶ姿に感動するものの、学びの資料として使われているものが市販の学習参考図書であることに疑問を感じた。

この疑問に応えてくれたのがフレネ教育であった。つまり、学習材を子どもと教師、専門家が協力して作り教師の協同組合で自費出版するというスタイルであり、一九三二年に創刊されて以来すでに一五〇〇冊を越えていた「学習文庫」(Bibliothèque de Travail)の存在であった。この「学習文庫」は波多野完治によって、「百科全書の子ども版」あるいは「玉川大学で出している『児童百科大辞典』を分冊にして出していくもの」

として早くから日本には紹介されていた[8]。しかし、この説明は不十分である。「学習文庫」の学習材としての特質は、子どもが書いた自由テクストや調査報告などをもとにしたものや、子どもが興味を持っている物事を教師と専門家が協力して作成し、既刊の「学習文庫」との系統性、関連性を考慮して毎年二五冊ほどが発行されているものである。つまり、扱う知識の総量を大人が確定して作る百科全書や辞典とは明確に異なるものであった。

フレネ教育と生活綴方との関係理解にも誤解が見られる。

「わが国の生活綴方運動は、フレネのばあいとちがって、生活における感性的認識を、教科の系統的な理性的認識と統一し、真実を教え、コスモポリタニズムを排して国民的な課題にこたえようとしているのである。そういう意味では生活綴方の教育は、いわゆる新教育に対して批判的である[9]。」

当時の生活綴方教育史研究にほぼ「定説」としてあったこのような見解に私自身が縛られていたことは既に述べたとおりである。

生活綴方やフレネ教育をとおして、自分が形成してきた教育学的視点（教育学的眼鏡）に疑問を持ち始めた頃、関わっていた民間教育研究団体のなかでも大きな変化が起こり始めていた。例えば、日本生活教育連盟などで実践と研究を進めていた若狭蔵之助は、自らの実践をふり返って以下のように述べている。

「教師はあたかも料理人のように手をかえ品をかえ、絶妙な味付けをした料理を作って、つぎからつぎへと子どもたちに食べさせてきた。その結果、子どもたちは満腹して肥え太った。だが、子どもたちは自分で自分の料理を作って食べようとしなくなってしまった[10]。」

また、ともに三重民間教育研究所を創設した文学教育研究者の藤原和好は次のように指摘していた。

「人間がどういう存在であるかを問う前に、人間はこうあらねばならぬという思い込みが、特に教育の世界には根強くあります[11]。」

戦後の民間教育研究と実践に大きな影響をもってきたソビエト教育学研究の反省的検討を試みるなかで、村山士郎はペレストロイカの動きを以下のように述べている。

「多元化された社会の中で、自分が選択しながら社会の価値を自分が決めていくと同時に、人間は多様でなければならない、だから学校も多様なものをつくらなければならない、その中で人格の自己決定という概念を全面に出してきているということができます。つまり、かつての、人格の到達目標が社会的にハッキリしていて、あるいは共産党的にハッキリしていて、ピオネールもコムソモールもみんなひとつの人間像に向かっていた時代とは、決定的にちがう構造を出してきた、ということです[12]。」

一九八〇年代半ば頃から様々な民間教育研究団体内部では従来の〈教師の指導性〉や〈学力とは何か〉〈子どもの現状をどうとらえるか〉などの問題について活発な議論や論争が繰り広げられていた。フレネ教育は一九八九年の新学習指導要領のいわゆる「新しい学力観」や「新自由主義」と軌を一にするものとして批判を受けることもあった。私自身は生活綴方とフレネ教育の交流史の掘り起こしや、フランスにおけるフレネ教育をめぐる論争の検討を通して自らの教育学的視点の再検討を試みてきた(13)。

教育実践と教育学研究者の関わり

(一) 芦生グループ、付知グループで学んだこと

企画の趣旨にそぐわないかもしれないが、七〇年代の自分史を述べることをお許し願いたい。

一九六八年に大学に入学した冬から京都大学では〈大学紛争〉〈大学闘争〉が激しさを増し、学部などが封鎖されて授業が全面的に停止する事態が長く続いた。その中で学生たちは「自主ゼミ」と呼ばれた学習活動を繰り広げた。自分たちが関心を持つ事柄を調べてレポートを作り、教授たちに呼びかけてともにゼミ活動を行った。こうした積み重ねの中で、大学・学部の多くの授業が教育の現実や教育実践にねざしていないことに不満を持ち、自分たちで教育現場に出向く活動が生まれていった。京都府美山郡の芦生《あしゅう》分校の調査グループが誕生したのは一九七〇年の夏前であった。同級生と二人で事前調査・打ち合わせに同校を訪れた時、生涯忘れることができない二つのことに遭遇した。

一つは、低学年(小一と二年生の複式学級)の教室に入った時のことである。打ち合わせの都合で国語の時間の途中から教室に入ったのだが、若いM先生が一年生のY君に教科書の音読を指示したところだった。ところが、Y君は立って教科書をかかげたまま読まない。後ろから見ると耳がまっ赤になっている。M先生は「読んで」という合図を目でさかんに送っているのだがY君はそのまま立っている。私たちはY君が読めない原因が突然教室に入ってきた見ず知らずの私たちにあるのだと感じ戸惑ったが、M先生が促しているのに

退出するのは失礼ではないかとの思いからそのままとどまり、私たちも祈るような気持ちでY君を無言で励まし続けた。この「三竦《すく》み」のような状態がずっと続いた後、終業の鐘が鳴った。やっと解放された気持ちとともに、現場に入るということは私たちの存在によって普段とは違う教室場面を見ているのだということ、子どもたちに緊張や圧迫感を与えるような関わり方をどうすれば少なくすることができるのかという問題意識を抱いた。

二つ目は、その日の夜、分校の先生が私たちの宿舎に地域の方を連れてきてくださった時のことである。その方は開口一番、「お前たちは何をしに来た」と質問した。この間の経緯を説明したところ次のようなことを厳しい口調で言われた。

「以前、へき地の子どもの学力を卒論で調べたいからというので学生が来たことがある。私たちも子どもの学力については気になっていたので協力した。ところが、送られてきた卒論には『やっぱりへき地の子どもの学力は低かった』という結論が書かれていた。そんなことは感じていることで、それをどうやって改善するのかを知りたくて協力したんだ。自分の研究のためにここの地域を利用するなら帰れ！」

私たちには「教育現場のことを知りたい」という気持ちがあったが、それは私たちの思いであり、地域の人は子どもたちのために何をしに来たのかが問題だという極めて当然の指摘をされたのだった。

この二つのことをグループに伝え、七月中旬の本調査では遊びなどをとおして子どもたちと仲良くなること、地域の信頼を得るような関わり方を模索していくことなどを話し合って臨んだ。以来一〇年間ほど、このグループは芦生分校が廃校されるまで院生・学部生、さらには京都女子大学の教育サークルとの合同サークルとして継続されていった。

（二）「いい女の尻を追いかける教育学」からの脱却

名古屋大学の教育学研究科に入学して、院生・学部生と恵那・付知グループを結成し年に三回のグループ調査、月に一回の個人または複数メンバーの調査活動を行った。当時の名大教育学研究科は院生の共同研究活動が盛んな時期で、講座のゼミ活動とは別に複数の自主的共同研究会に参加する院生が多数いた。その中で、「教育現場を知りたい」という素朴な要求にとどまらず、自立した教育学研究者をめざす院生が教育現場に関わることの意味は何なのか、さらには、教育学研究において〈理論〉と〈実践〉の関係をどうとらえるべきなのか、ということが院生の間で日常的に議論された。

例えば、小川太郎の以下のような指摘も議論の俎上にあがった。

「教育科学研究会に属する学者たちが、実践を理論化すると称して、理論化のしごとを怠っている間に、かつてのコア・カリキュラム連盟の指導者であり、後に『歴史的課題』にもとづく教育を提唱して、その運動を国民＝人民の立場にはっきりすえることを主張した海後勝雄と広岡亮蔵は、若い研究者たちと教育史研究会を組織して、世界教育史のマルクス主義的書きかえをはじめた。[14]」

〈教育実践の理論化〉という私にとっては自明のテーゼが批判されていることは衝撃的だった。そこから、戦後の教育科学論争の文献を読みあさり、研究会でも議論していった。

「いい女の尻を追いかける教育学」（いささか品のない言葉ではあるが、当時用いられていた表現なのでお許し願いたい）という言葉を知ったのはそんな中であった。出所は定かではないが、小川太郎が言ったのを小川利夫が聞いたことがあるとのことだった。つまり、どこかに「素晴らしい実践」があるとそこに出かけて行ってその実践が「いかに素晴らしい実践なのか」を解説し〈理論化〉し、〈典型化〉する。また違うところに「素晴らしい実践」があるとそこに出かけていく。そういった教育学研究者の姿勢を「いい女の尻を追いかける教育学」という表現で揶揄したものである。

教育方法学分野の研究者にとっては教育現場や教育実践とのつながりは不可欠のものである以上、現在に至るも私にとっては永遠の課題である。

三重大学に赴任して自分の研究関心からだけでなく、現場の要請によって関わることも院生時代とは比較にならないほど増えた。それだけ「悩み」も大きく、深くなった。教育実践に関わっている三重大の同僚や、他大学の研究者ともこの問題についてたびたび議論をしたが、その中で得た一つの結論が、「いい女の尻を追いかける教育学」からの転換であった。具体的には、教育実践者との共同研究をとおして、子どもの発達にとって「良い」実践を創造すること、しかもそれを自らの研究活動を行う地域で行うことであった。

(三) 地域サークルの開催と実践的助言活動

一九七七年に三重大に赴任して何年もたつと教師になる卒業生も多くなり、彼らが学校や教室で持つ悩みにどう寄り添うかが課題になってくる。公共交通手段しか持たない私にとっては、複数の教室に定期的に通うのは大変で、結局一学級に深く関わるスタイルになっていった。というのも、教師との共同研究は子どもの発達の事実を子どもの固有名詞（名前）で語り合うことが必要だと思っていたからである。私が隔週で通った学級の教師は、フレネ教育の実践を標榜していたので、一斉授業だけでなく、「自由作文」や「本づくり」に力を注いでいた。子どもの生活の表現や探究を重視するこの実践では、定式化された方法・技術はない。したがって、授業をみた後の「ふりかえり」では子どもの発達の事実を確認しながら、その事実からいかにさらなる発達の事実を生み出すのか、そのための手だてをともに考えあうことが中心になる。生み出された現状から展望される次のステップは一様ではない。様々な可能性が存在する。私はできる限りの可能性をともに考えだし、どのような手だてをとるかは教師に任されるべきであると考えた。このような活動を私は「実践的助言」と呼んでいる。理論と実践を具体的に結び、アドバイスを通して実践の発展可能性を共に探る活動である。例えば、四年生のこのクラスには転校してきたG君がいるが、他の多くの子どもたちが俳句づくりに熱中していても彼は俳句をつくらない。私はG君は俳句よりも川柳にむいている子ではないかと考え、学級文庫に子どもが作った川柳集をなにげなく入れた。するとG君はその本をすぐにとりだして読み始め、その後川柳を次々に作り始めた。川柳という判断がどうして生まれたのかを明言することは困難だが、普段からG君をはじめとした子どもたちの様子を担任のK先生から聞き、私自身も観察できていたことが基盤にあることは間違いない。(15)

学びの再構築と学校改革

二〇一三年四月から学校法人愛西学園に新設された愛知黎明教育研究所の所長として勤務している。主な仕事は愛知黎明高校研究開発部の教師たちと協力して同校の教育実践を援助することである。授業だけでなく様々な行事にも参加して現状を把握し、発展の方向性を探る日々である。同校には昼間定時制の衛生看護科（准看養成）と全日制看護科（正看養成）があり、授業見学には看護科目が含まれる。「人体の構造」や「免疫」、「看護実習」などこれまで経験したことがない科目では専門用語が多用され、授業内容で理解できないことも多い。しかし看護の教科書や参考書を読むと、教育学が追究してきたことと関連する記述にふれることが多い。

黎明高校では生徒の探究力を軸として「未来型学力」の形成をめざしているが、私が研究してきた生活綴方教育やフレネ教育の発想を活かして助言できることも多くある。二〇一三年度の研修会で提起した〝学びの概念砕き〟は研究開発部によって受けとめられ、二〇一四年度には年に四回の公開研究授業週間を通すテーマとなった。また、これまで関わってきた愛知私学の教育運動とあわせて、現在の私の主なフィールドとなっている。主に高校生の学びに深く関わって感じることは、自己の研究の視野を主に小学校の実践を基盤として形成してきたことから〝自己学習運動〟の概念が非常に狭いものとなっていることである。その意味では、まず自分自身の〝学びの概念砕き〟が必要になっている。小学校の実践を基盤に考えると、どうしても〈認識〉の問題を教科や生活事実といかに結びつけるのか、が主要な問題になってくる。しかし、高校生たちの学びをみていると、〈学び〉が〈思い―行動―つながり〉というサイクルに位置づけられて発展していることがわかる。サマセミの私学助成に関する講座を契機に八人の生徒によって誕生した「ＪＫ８」は当初は助成金の頭文字から取ったＪＫに授業（Ｊ）改革（Ｋ）の意味を付加して〈学び〉についても学習と考察を広げた。

「学べば学ぶほど思いが強くなる。思いが強くなればもっともっと行動したくなる、つながりを生み出したくなる。この両方を達成するためには学びの楽しさを私達がどんどん広めていく必要があります。

学びを発信することで人の意見を聞けたりして自分の中での考えが確立していきます。こんなふうに、たくさんの力を集めているのが学びです。(16)」

彼らの学びの道筋で注目すべき点は、経済的理由による仲間の退学と私学助成という社会的現実から歴史と未来を結びつけて自己学習を進めるなかで、「つまらない」と感じていた学校での学び（教科の授業）を意味づけ直していることである。

「私もはじめは学校の中に学びなんてないと思っていました。なぜなら、私は高フェスに入ってから学びの楽しさを知ったからです。学校の勉強なんて大学受験のためじゃん。そう思っていました。だけどこのレポートを作る会議や、いまのレポートを聞いていて改めて分かったのが、学校の学びで培われた基礎知識がないと高フェスでやっている学びが実は本質的には理解できないんじゃないかと思いました。(17)」

このような展開は我々が〈学び〉を考察する際に従来の学校における〈学び〉を主眼にするだけでなく、かつて同和教育で提唱され、地域に根ざす教育で論じられてきた「生活と教育の結合」原則を再考察する視点を提供しているものと私はとらえている。そしてそれは「学びの共同体」論の深化につながる作業であるとも確信している。

このことを理論的枠組みの問題として考察するために、竹内常一の生活指導の新しい概念規定をみてみよう。

「生活指導にあっては、生活を指導するのは専門家やボランティアではない。かれらをも含めた人々の生活や生き方を『指導』するのは、『生活』そのものである。生活の民主的な共同化・社会化が専門家やボランティアを含めた人々の生活や生き方を指導するのである。専門家やボランティアは、その生活に導かれて専門的な仕事の在り方や自分の生き方を問い返すとともに、人々の生活に触れ、人々とともに生活の民主的な共同化・社会化を追求していくことを課題とするのである。[18]」

この規定には従来の生活指導概念からの、さらには学校教育概念からの大きな転換が提起されている。教師が子どもの生活を指導するのではなく、生活が子どもを、そして教師までをも指導する、という発想である。かつて地域に存在した教育力を再生しようとした「地域に根ざす教育」が一九六〇〜七〇年代に展開された。七〇年代以降各地で盛んになっていく市民による様々な活動は、「生活」自体を捉え直し、市民の立場から「生活」を創造してきている。竹内の提起は、かつて存在した地域の教育力を今日的に再生し発展させる契機をそこに見出しているともいえる。私たちの学びは教科書の内容だけではもはや不十分である。たえず生まれ展開する現実との関わりでなされる学びこそ「ほんものの学び」である。私は愛西学園、愛知私学に身を置きながら地域と学校に「ほんものの学び」を創造する教育運動の一端を担う研究者で在りたいと考えている。

注
(1) 山田正敏「尾鷲中学事件―何が問題だったか」『世界』岩波書店、一九八三年五月号、八八頁。
(2) 同前、八七頁。

（3）同前、八八頁。
（4）寺内義和『されど波風体験』幻冬舎ルネッサンス、二〇〇五年、三一四頁。
（5）佐藤廣和「生徒・父母とともに学校を変える」『リーラー「遊」』文理閣、二〇一一年、vol.7参照。
（6）佐藤広和・伊藤隆司編『佐々木昴著作集』無明舎、一九八二年、一七五頁。
（7）佐藤広和「生活綴方による子ども把握の意味について」日本教育方法学会紀要『教育方法学研究』第四巻、一九七八年参照。
（8）波多野完治「フランスの作文教育」森岡他編『作文講座Ⅰ　作文教育の展望』明治書院、一九六八年、一八七〜一八九頁。
（9）小川太郎「生活綴方と教育」小川・国分編『生活綴方的教育方法』明治図書、一九五五年、六八頁。
（10）若狭蔵之助『子どものしごと』青木書店、一九八八年、一二六頁。
（11）藤原和好『子どもが生きる文学の授業』部落問題研究所、一九九一年、二四頁。
（12）村山士郎・所伸一編『ペレストロイカと教育』大月書店、一九九一年、二二六頁。
（13）佐藤広和『生活表現と個性化教育』青木書店、一九九五年参照。
（14）小川太郎『教育科学研究入門』一九七三年四月一二版（一九六五年六月初版）明治図書、一四四頁。
（15）桂山美奈子「一人ひとりの興味・関心から出発した総合学習」野中・船越・玉井編著『地域を生かせ！総合的学習の展開』東洋館出版、二〇〇〇年参照。
（16）私学助成と理想の授業の学習会における高校生によるまとめの発言（二〇一五年三月一四日）。
（17）同前。
（18）『現代学校教育大事典』ぎょうせい、竹内常一執筆「生活指導」の項参照。

初出　中部教育学会研究紀要、第一五号、二〇一五年六月。

二　子どもをとらえるための文学教育者との対話
―藤原和好著『子どもが生きる文学の授業』をめぐって

はじめに

本小論はもともと副題にある藤原和好著『子どもが生きる文学の授業』（部落問題研究所、一九九一年）の書評として編集部から求められたものである。のちに詳しく述べるが、本書の問題提起を受けとめるためには書評という限られた紙数で述べるのは教育学研究者の私には不可能であると思い、編集部にお願いしてこのような形をとらせていただいた。

藤原氏は私が三重大学に赴任して以来、教育実践や教育運動のありかたを一五年間親しく論じ合ってきた同僚であり、一九九〇年一一月二三日に設立した三重民間教育研究所の一員として行動を共にしてきた仲間でもある。学閥も専門分野も異なる者同士がお互いに理解し、学んできたものをこの機会に整理し、私たちの私的な対話を文学教育と教育学の対話にまでたかめたいというのがこの小論を綴る動機である。なお個人的なことを言えば、藤原氏が主宰する「三重国語教育の会」が二月にもった本書の合評会に招かれながら出席できずに果たせなかった責を、この場を借りて果したいと思う。（本文ではこの合評会の記録、三重国語教育の会『会員通信』第二二号も参考にさせていただいた。）

子どもを何故「人間」として登場させねばならないのか？

藤原氏は三重国語教育の会の合評会において、前著『文学の授業と人間形成』に対する哲学者武村泰男氏（三重民間教育研究所の所員であり当時三重大学学長でもある）の評を借りながら、本書は「さらに哲学的」であると自己評価している。私は前書が「人格形成」ということで論じていることより、本書は一層思想的になったとみている。このことは藤原氏の問題提起を理解するうえで重要な点なのでやや詳しく述べてみたい。

戦後の教育学は戦前の教育（学）のありかたの自己批判を通じて「人格」という概念を多用してきた。とりわけ憲法・教育基本法の理念にのっとって、教育の目的を「民主的人格の形成」と規定してきた。しかもここで言う「人格」は、アメリカの行動主義心理学などのいういわゆる「パーソナリティ理論」に飽き足らず、ソビエト心理学・教育学の成果に強く影響を受けたものであり、「人格」を能力の総体と社会的諸関係の総和からとらえようとするものであった。「民主的人格の形成」は全面発達をめざす諸能力の形成、とりわけ「認識」能力の形成に重点を置いた。一九五〇年代末から民間教育研究運動の一派をなした教育の現代化が〈人格―能力―認識〉という構図をとって、戦前の態度主義に復古しようとする当時の教育政策に対抗したのはそれなりの意味があったといえる。

しかし、である。このような構図によって教育を論ずることの問題点も早くから指摘されてきた。その経緯をここで詳しく論ずる余裕はないが、今日の時点で概括するならば次のようなことがあげられる。

〈人格―能力―認識〉という構図が教育に〈人格形成〉という契機、従って教師の指導性に基づく価値形成の重要性を認めさせたことと裏腹に、教育における〈人間理解〉という契機を弱めていくことになった。特に子どもという人間を理解することと、教師という人間が変革されることとの関係を深く問うてきた生活綴方教育に対する評価もこのような動きと無関係ではなかった。戦前の北方教育にあってこの問題を追及してきた佐々木昂《ささきこう》（一九〇六―一九四四）の著作集をまとめる過程でこのことを強く感じた(1)。また、一九八三年頃から教育界の一部に登場する「子どもは変わった」という認識に基づく教師の指導のあり方の再編の議論にも強い懸念を抱かざるを得ない(2)。

教師が〈人格形成〉を論ずるとき、そこにはある特定の〈人格モデル〉や〈人間のタイプ〉を設定し、子どもをそれに近づけていくという発想がありはしないだろうか。また、そこまでおおげさでないにしても、教師の頭の中には無意識のうちに望ましい子ども像がおかれていることがある。私が近年研究しているフランスの生活教育運動のフレネ教育を実地見学するツァーに行ったとき、次のようなエピソードがあった。中部フランスの小さな町の小学校に行って、子どもたちとの懇談会を持った時のことである。日本から同行した小学校教師が、「このクラスで一番できる子はだれですか？」という質問をフランスの子どもにした。すると彼らは、「何について？」と聞き返した。教師が返事に窮していると、子どもたちは「絵はマリアンヌが一番うまい、計算はギヨームが得意だし…」とつぶやいた。この時私は日本の教師の心にひそむ子ども像を見た思いがした。

さて、授業の視点から考えてみると、各教科が目標に設定する科学的認識にいかに子どもを到達させるのかが問題とされ、子どもがその時々に持っているものは「感性的認識」として常に「科学的認識」に高められるものとしての位置づけしかもたされないことになる。子どもに感性的認識のありようを表現させ、それを教師がつかみ、子どものトータルな思想のあり方を問うのではなく、個別的認識の正誤を科学的認識の観点から問うことが問題とされていくのである。藤原氏の次の言葉はこのような状況の典型となっている教育技術の法則化運動への批判であると同時に、そのような典型を生み出さざるをえない教育界全体への批判として理解されるべきではないだろうか。

「読者である子どもたちが作品をどのように受けとめているか、どのように感動しているのか、あるいはしていないのか、作品を読むことによって子どもたちの内面にどのようなドラマが進行しているのかといったようなことはまるっきり無視されています。子どもは教えられるものでしかありません。子どもを見つめよう、子どもを発見しようとする姿勢はありません。私が『子ども不在の教育実践』と呼ぶのはそういう点を指しています。」（九頁）

もし文学作品が、ある価値観や世界観に到達させるための単なる手段として位置づけられるならば、ましてその「観」が一定のステレオタイプの人間像に収斂されるものならば、文学作品はおよそその生気を失ってしまうであろうことは素人である私にも容易に推測ができる。

「人間がどういう存在であるかを問う前に、人間はこうあらねばならぬという思い込みが、特に教育の世界には根強くあります。」（二四頁）

男の子の国語嫌いの理由は「答えが一つでないこと」であり、逆に女の子の国語好きの理由がやはり「答えが一つでないこと」であるという。「問い」は本来さまざまな「答え」を子どもの中に生み出すものであるにもかかわらず、それを権力的に「一つ」に収束させてきたのが国家主義的教育の問題点であることは大田堯氏が『学力とは何か』(国土社)で指摘しているところである。必要なことは、文学作品が「一つの答え」を導き出すものではないこと、様々な人間の生き方とその形象を通して、子どもが人間に関する思想を作っていく材料(学習材)であることを授業の事実として、子どもたちの発達の事実として作り出すことであると思う。

藤原氏は合評会で、本書では「自分の人間観を語った」と述べている。「人格」という言葉で多くを語ってきた教育学が藤原氏の提起する意味での「人間」をどう受けとめるのか─私たちには実に重い課題が出されている。(3)

「子ども見ること」の思想

子どもを理解することとかかわって、学生の中で次のようなことが話題になっていた。

〈大人もかつては子どもであったのだから、子どもの考え方を大人になっても持ち続けることが子どもを理解するのに必要なことだ。〉

私がこの話を紹介すると藤原氏は「子どものままの発想を持ち続けることは不可能なのだから、子どもをとらえる思想を持つことが必要なのだ」と語った。この問題について十分整理しきっていなかった私は、なるほどと思ったことを思い出す。「人間はこうあらねばならぬという思い込みが、特に教育の世界には根強くあります」と教育界に警告する藤原氏にとって〈子どもを見る〉ことはどのような思想によって可能となるのであろうか。

藤原氏は自己の文学教育論を次のように規定している。

「私は、文学教育とは、文学作品に描かれた人間や世界に触れることによって揺れ動く自己の人間観や世界観を見つめたり、お互いのそれを交流しあって人間認識や世界認識を豊かにしたり深めたりすることだと考えています。とすると、文学教育において決定的に大事なのは、作品に触れることによって子どもたちの内面に何が生じるかを見つめつづけることではないでしょうか。」(一〇頁)

私たちが〈子どもを見る〉という時、それは何かを〈教える〉という脈絡の中において考えがちである。教科や単元の目標に到達させるために、それに関する個別的な認識のあり様を知るという発想は、ともすると子どもの全体的な発想や価値観、思考の方法から切り離して、目標に直接的につながる(と教師が思っている)部分だけを拾い集めるという傾向を生み出してはいないだろうか。つまり、〈子どもを見る〉ための軸はあくまでも〈教える〉べき目標にそってたてられているのである。しかし藤原氏のたてている軸は、徹底して子ども側にあるといえる。

「子どもがその本当の姿を見せてくれる時、それは、子どもが現在の自己を乗り越えようと身構えた時ではないでしょうか。子どもが自己を乗り越えようとする構えを持ちさえすれば、後は子ども自身が自

分で成長していきます。」（一〇頁）

このことを実現するための教師の仕事として、「子ども自身に自己を見つめさせ、その自己を乗り越えようとする意欲を持たせること」（一〇頁）が理念としてあげられ、「教材選択」「教材分析」「授業づくり」の観点が述べられ、「出会い」「読み深め」「交流」という指導過程論が述べられている。その個々については興味深く読んだのであるが、藤原氏の言わんとするところを具体化するためには、なお追求されるべき問題があると思われるので、以下二つの点に限って述べてみたい。

「子どもを見ること」と「子どもが育つこと」

「作品に触れることによって子どもたちの内面に何が生じるかを見つめつづける」ということから言うと、子どもの自己形成史（思想の形成史）を教師がひとりひとりの子どもに即してつかんでおく必要があるということである。言ってみれば、子どもの自己形成のカルテを作ることが必要なのである。しかも藤原氏はこのことに関わって、「文学の虚構性をどう読むか」という問題を合評会で提起している。現在の子どもの奥深くひそむ「囲い込まれる」ことへの拒否意識（二四頁）を考えれば、虚構性の問題は「囲い込まれる」現実を一度脱却して、その現実を深くとらえ直すという意味で極めて重要であると思われる。ここまで踏み込んで、子どもを見る必要性が示唆されているのである。

ところで、「子どもを見ること」と「子どもが育つこと」の関係は今なお未解明の問題であると言えよう。先に述べたように、私たちの持ってきた構図から見れば、〈子どもを育てるために見る〉と考えがちである。

しかし藤原氏は「子どもが育つこと」ができる場として授業を組織することを主張しているのであり、そのために「子どもを見ること」が位置づけられているのである。藤原氏はエンデの〈モモ〉の不思議な力の根源を「なにも特別なものではなく、ただ黙って話を聞く」こととし、「小さな女の子でありながら、モモこそほんとうの教師だと私は思う」（一一頁）と述べている。そしてモモのようにはなれない私たちにも、「他人を知ろうと努力すること」はできるとつなげていく。結論的にはそうだと思うが、その過程には解き明かさねばならない点がいくつかある。

第一に、教師という存在の子どもにとっての意味である。不思議な能力をもったモモであれ、教会や宗教を背景にして懺悔《ざんげ》をきく牧師であれ、彼らは現実的な利害関係を越えた存在として皆から認められており、しかも彼らのところに自分のほうから赴いていくのである。つまりその時点ですでに自らを乗り越えようとする意識が生まれつつあるといってよい。それとは逆に、教師は公教育の現実の中で実際的な利害関係を持たされており（その最たるものは評価）、しかも子どもたちは学校へ赴くことを強制されている。このことを自覚しなければ、子どもたちが内面に生じつつあるものを表現するまでのあの遠い時間を待ちきれないだろう。

第二に、「交流」にかかわる問題である。藤原氏は「交流」について次のように説明している。

「自分がどのようにゆさぶられたか、今何を考えているかをそれぞれが自由に出しあう段階が『交流』の段階です。『交流』の段階のねらいは、それぞれのゆらぎやその時点での認識を自由に出しあうなかで、お互いどうしを知っていくという点にあります。」（三三頁）

このことに関連して藤原氏は合評会で、「人間を変えるのではなく、人間の値打ちをみることで人間が変わるということが分かってきた。さまざまな価値にふれることで人間が変わる」と自らの信条を述べている。私も全く同感である。そのうえで私が解ききっていないことは、「さまざまな価値にふれる」ことがどのようにしてふれた人間自身を変えうるのか、という問題である。私が日頃接する学生を見ていると、「あの人はああいう人だ」式の認め合いが多くあり、ゼミでもなかなか討論が成立しにくいことを感じる。自分の抱く価値観にこだわるがゆえに他の人の価値観を尊重しそれに学ぼうとする関係がいかに作られていくのか――それは「読み深め」と「交流」を結ぶものが何かということであろうし、さらに言えば、「文学を語り合う教室」（三三頁）がその基盤にいかなる共同体観を持っているのかということにもなるだろう。この点については藤原氏と一度じっくりと論じ合ってみたい。

教師の自己形成

本書の中で藤原氏は、教育技術の法則化運動に代表される〈子どもを見限る〉教師、管理主義的な教師を繰り返し批判している。「ナワ飛びをする少女」（藤原　定）を教材とした中学一年生の授業で、「ナワ飛びをする少女を見ている人は、どういうようすで見ているのでしょう」「どんなことでもよろしい」という質問に、「タバコをすいながらみている」と答えた生徒を教師が怒ったというエピソードも興味深かった。私の妻の郷里では、仕事の手を休めるように勧めるとき「タバコしなれ」という。相手が喫煙者であろうとなかろうとこのような言い回しがなされる。ひょっとしたらこの生徒は、〈タバコをすう〉という言葉にゆったりとした気持ちで人間をみられる時の自分を重ねていたのではないだろうかと私は考えた。

藤原氏は、「教師は自らの人間観・世界観を、より広く、より柔軟にしておかなければならない」（二五頁）、「授業を成立させるためには、教師自身も、教育の技術者としてだけでなく、人間として成長しなければならない」（二〇一頁）ことを力説している。そして、サークル、とりわけ地域サークルにこだわる必要性を説いている。このことについては私も全く同感である。いやむしろこの一五年間の間に私が藤原氏から学んだ研究者の姿勢であると言ったほうが正しい。教育実践の事実から遊離しまいとして教育学がたててきた〈実践の理論化〉というテーゼが、ややもすると〈素晴らしい実践〉の後追いをして全国を飛び回る研究のスタイルを作ってきたのではないかと感じているからである。そのことを含めて藤原氏の提起は教育実践研究運動の本来的なあり方を示していると思う。

しかし、それが現在の教師の意識と、教師が置かれている現実にどうくいいっていくのかは直線的には結ばれていないように思う。合評会でも、「哲学的」であることのむつかしさ、「世界観」というものの把握のむつかしさが、三重国語教育の会内外の教師の感想として出されている。理由はいろいろあげられるだろうが、読者の側の問題を一つ述べるとすれば、藤原氏の思想からいかに理論を抽出するかという読み方を読者はすべきであろう。例えば、第二章では多くの教材をあげながら、〈子どもと教材〉〈人物像〉〈世界像〉〈思想〉〈表現〉という五つの教材分析の観点が述べられている。その個々の観点に基づく教材の分析のひとつひとつは説得力をもって読者に迫ってくる。しかし、この五つの観点のなかの三つ、〈人物像〉〈世界像〉〈思想〉がどのような関連と構造を持っているのかについては本書では十分に述べられていないように思われる。いいかえれば、すべての教材をこの三つの観点から分析するものなのか、あるいはひとつひとつの教材の主要な提起をこの観点にあてはめて分類、分析すべきものなのかも私には十分つかめなかった。従って説得力をもって私たちに迫る分析が、藤原氏の思想の総量に支えられていることは分かっても、私たちが教材一般を分析する時に何を手がかりにすればよいのかが今一つはっきり伝わってこない。私の理解では、〈思想〉は〈理論〉と違って、個々の論理展開の緻密さに縛られず、物事の本質を直観的に把握する性質をもっているものである。私が本書を「思想的」と評したのはその意味からであった。藤原氏には自らの思想的把握をさらに内省して、理論的な体系を是非完成させていってほしいと思う。

そのうえで藤原氏が訴えんとする筋に従って読者の側の読み方の問題をあげれば、何故ひとつひとつの分析が自分に説得力をもって迫ってくるのかを自問するところ、つまりその分析を「読み深め」するところを教師自身の出発点とすべきであろう。そして、自らの分析に基づく授業と、子どもの作り出す事実をお互いに「交流」することによって、本書の「読み」は一つのサイクルを結ぶことができる。従って、本書を単なる一つの「出会い」の段階にとどめてしまうかどうかはひとえに読者にかかっているといえるだろう。

注

（1）佐藤広和・伊藤隆司編『佐々木昂著作集』（無明舎、一九八二年）のなかの「佐々木昂研究」第四章を参照。

（2）この点については、著者稿「『現場を知らない』という言葉の意味するもの―生活指導実践を支える意識について」三重民間教育研究所所誌『環』第三号（一九九一年八月）を参照。

（3）たとえば斎藤浩志編『教育実践学の基礎』（青木書店）の斎藤氏の論文においては、人格と人間が言い換えを含めてほとんど同義語のように使われている。

初出　『どの子も伸びる』第一六巻第五号、一九九二年八月。

三　教育実践における安心と自由

はじめに

仕事柄、また、親として学校を訪れたり教師や子どもと話をする機会がある。学校が教師にとっても子どもにとっても自分たちのもっとも醜い面を出し合って対峙する場になってきているというのが私の実感である。そんな学校や教室が増えてきている。

今日の教育状況を打開するキーワードとして「安心」という精神世界の根底的な言葉を選び、そこに「自由」という人類史的言葉を組み合わさなければならないほど事は深刻化しているのであろうか。編集部から求められた課題に応えるために、私が関心をよせるいくつかの教育現実・実践をもとに述べていきたい。

子どもの虐待防止活動からの提起

『教育』誌一九九七年四月号は「子どもがホッとする教室づくり・学校づくり」と題する特集を組んでい

る。その中の田揚江里氏の実践を興味深く読ませていただいた。それは、子どもとの関わりの部分なのだが、その前に私の接点を作るために次の一文をまず引かせていただきたい。

「今、子どもたちにとって家庭はほっとする場所ではなくなっている。『宿題を早くやりなさい』『忘れ物はないの』『先生の話をちゃんと聞いていないから…』。そして成績について、教師以上に『学校的』なものさしで親たちから迫られる。生活がまるごと『学校化』されているなかに子どもたちはいるのである。」(1)

家庭は学校化されている―より正確には、学校を選別の場にしている価値観によって学校も家庭も強迫されている。しかも、今日の家庭は単に「学校化」というものさしで語りきれない場、やすらぎよりも暴力と不安にさいなまねる場ともなってきている。

「子どもの虐待防止ネットワーク・あいち」（以下、ＣＡＰＮＡと記す）編集による子ども虐待データブック『見えなかった死』（キャプナ出版、一九九八年）には、九六年および九七年の虐待死事件の全国データが載せられている。九六年には八六人、九七年には一〇四人の子どもが亡くなっている。この数字は子どもが死に至った件数であり、年々増加しているとされる子どもに対する虐待の一端を示すものである。この報告を読んで私の目を引いたのは、虐待死の約四分の一をしめる「せっかん」によるものの動機である。四三件のうち三六件に加害者が警察に話したと思われる動機が記されている。報告にある主なものを以下にあげる。

▽「買い物の途中にだだをこねたので、帰宅後十数回殴った」
▽「トイレがうまくいかず、お漏らしをするのでせっかんするようになった」

▽「早く寝ろと強くたたいた。朝になるとぐったりしていた」
▽「世間に笑われないような子どもにするため」
▽「よく夜泣きをする子なので、強く育てたかった」
▽「パンを一口食べて捨てたため」
▽「粉ミルクをなめた」
▽「盗み食いを注意したところ反抗したためカッとなった[2]」

子育てをしたことがある者ならば、どれも一度は経験する子どもの行動が死にいたる「せっかん」の動機なのである。小学校低学年の学級崩壊をめぐる議論の中で「最近の家庭は躾けがきちんとできていない」という言葉をよく耳にするが、私はただちには同意できない。社会的常識やマナーといわれるものがよく躾けられていないにもかかわらず、親が厳しく躾けているのは自分と子どもとのかかわりのなかで起きた事柄についてである。つまり、社会的な脈絡のなかで考えられた躾けなのではなく、親にとって不快なこと、許せないことが躾の対象となる。「公園デビュー」なる新語を生み出した育児期母親の社交界への参加もかなりの緊張を伴うものとなり、躾は教育とともに母親自身の評価につながる仕事とみなされる。地域でのつながりの薄さ、夫の育児不参加などによる母親の孤立感とそれに由来する育児ノイローゼ、マタニティブルー（産後うつ病）は、子どもの虐待の大きな原因となっている。

私が住む街で起きた事件は、子連れ同士で再婚した若い夫婦の次女（当時二歳）が新しい生活になじめずにとった「赤ちゃん返り」の行動（食べ物を床に投げる、寝ている継母の髪を引っ張る、など）をきびしくしつけるためにせっかんを繰り返したことの結果であった。医師の通報をきっかけになされた保育園の保母、児童相談所の児童福祉司などのアプローチを母親は「私が実の親じゃないから、周囲が白い眼で見る」と思いこみ心をとざしてしまった。彼女がはじめて心を開いたのは、裁判で弁護を担当したCAPNA所属の弁護士の「この事件には被害者が二人いる。死んでしまった子と、加害者になってしまったあなただ(3)」という言葉を聞いた時だったという。

「母親が加害者となった嗜癖的（反復強迫的）な身体的虐待などでは特に、背後にあるストレス、ストレスをもたらす低い自己評価や自罰傾向、そしてその基礎にある母親自身の過酷な生育歴（被虐待体験を含む）がよく見つかる。癒しはぜひとも提供されなくてはならない(4)。」

CAPNA所属の弁護士多田元氏は、殺人事件で起訴された少年の弁護活動を「安心・自信・自由」を基本に行い、心を開いた少年が語った生育歴の中に父親による虐待があったことを知ったという(5)。多くの事例が明らかにしているように子どもの虐待は暴力を再生産し続けるのである。これらの事例から、私たちは「安心と自由」が学校だけではなく、今日の発達に関わる諸実践のキーワードになっていることを知る。

それにしても、殺人事件の加害者と関わる弁護士たちが彼らの心を開きえたのはなぜなのか。そこで彼らが必要と感じた「癒し」や「安心」は何だったのか。教育科学研究者のひとりとして探求すべき課題だと思う。実は、田揚氏の実践に興味を覚えたのは、実践報告のなかの次の部分である。

「美紀の生活ノートに私は長い手紙を書いた。『無理しなくてもいい。いけないことも、失敗もたくさんやっていいんだよ』と。その日、美紀がわんわん泣いたと後日お母さんが話してくれた。『美紀の心の中を先生がわかってくれたからなの』と聞くとうなずいたという(6)。」

私たちは学校の強迫的性格を問題とし、「安心」という言葉で居場所づくりを考えてきた。学び自体の強迫的性格を打破し、学びの再構築をしようとも考えている。しかし、学校の強迫的性格が個々の子どもにどのような不安を引き起こし、従って一人一人の子どもが人間的成長のバネとなるような安心感を持つのか、という個別的分析は十分なのだろうか。〈教室は間違える場所だ〉とは私が学生時代からよく耳にした言葉だが、ここでいう間違いは教科の学習での間違いだけでなく、いわゆる社会的逸脱行動〈非行や問題行動と呼ばれる〉をも含んだ言葉として認識されていたのか。私は社会的逸脱行動を含めた言葉として理解しているが、「安心」という言葉はこうした逸脱行動の時点、あるいはその境界で揺れ動いている精神状態に食い入ってこそリアリティを持ったスローガンとなりうるのではないかと考えている。

学校の強迫的性格をめぐって

先にふれた本誌の特集号では、特に「安心」をめぐって異なる波長と思われる論の展開が見られる。例えば村山士郎氏は次のように述べる。

「これまで述べてきた現代の教育実践の糸口は、いわゆる『「学び」の再建』論とまだしっくり連続していないように思える。その『「学び」の再建』論は、現代の子どもたちの抱えている矛盾とどうとり結ぶかをリアルに実践的に深めていかなければならないのだろう。[7]」

学校の「強迫的」性格が問題とされ、その解決策の中心に「学びの再建」が提唱されてきた。しかし、村山氏の指摘にはこの再建のよってたつリアリティの不足もしくは欠如への懸念が含まれているように思われる。それは一方では強迫的性格自体の分析の不十分さに起因しているようだが、他方では「強迫」の対置概念である「安心」の内容の未整理にもよっているようである。

学校の強迫的性格に対置される「安心」概念は、私見によれば異なる二つの問題提起を含んでいるように思われる。

一つは、偏差値競争と管理教育による「良い子」像が子どものありのままの存在感を否定するという状況を打破するために、学校に子どもの精神的居場所を作るべく空間的・時間的な改革を試みる志向であり、「学びの再建」論も基本的にはその中に位置付いているものと思われる。

二つ目は、学校を含めた社会全体の強迫性に着目し、学校であらわれる子どもの荒れた姿をその関連でとらえることによって、ある意味では彼らの荒れに共感しつつ、彼らの苦悩に働きかけることによって自己の苦悩自体が認められる「安心」感を確保しようとするものである。「見えない権利侵害」による子ども・若者のからだとこころの異変を問うた竹内常一氏の指摘はその意味から興味深い。

「だが、それと同時に、今日の子どもたちは、このようなからだとこころの病状をとることによって、その身体的・精神的な人格の崩壊から自己をかろうじてまもると同時に、そうなることでもっておとなにヘルプを求めているのである。(8)」

「安心」という感覚はきわめて個人的なものである。絶えず「良い子」を期待されることに拒否反応をもつ子どもにとっては、いかなる方向であれ「こうあるべきだ」という規範はそれ自体がその子どもにとって強迫的であろう。民間教育研究サークルの中核的なメンバーの学級でも起きている崩壊現象には、こうあってほしいという教師の願い（いいかえれば「民主的人格」像）に対する子どもたちの反抗をみることができる。この反抗を表層的にとらえれば、〈正義の感覚の喪失〉あるいは〈人間的感覚の喪失〉などさまざまな言葉で特徴づけることが可能だろう。しかし、愛知私立学校教職員組合連合（以下、愛知私教連と略す）の教師たちが提起した「総評価」運動は、子どもを深くとらえる人間観について今日もその意義を失っていない。二十年前、私の知人が勤務する私立高校の教室で、彼は生徒に背中を向けることができなかった。まるで西部劇のガン・マンのように板書するときも半身の姿勢で生徒を見る。なぜなら、完全に背中を見せれば何が飛んでくるかわからないからだという。最初は消しゴム、紙つぶて、そのうち火のついた紙飛行機。そしてとうとうナイフが黒板に投げつけられたときから彼は背中を向けなくなったという。映画『それぞれの旅立ち』(9)でも描かれた生徒、親、教師の壮絶な格闘のなかから、愛知私教連の教師たちは「人間を多面的に見て、積極面をつか」み、「『弱さ』をいとおしく思う感性」をもって運動と実践を進めてきた(10)。今や名古屋ドームを十万人で埋め尽くす愛知私学運動も、日常はこの人間観をどう貫くかの連続である。各私立高校から約五〇〇〇人がつどう新歓フェスティバルにノミネートされたバンドの高校生が喫煙事件を起こして在籍校で処分を受けた。このバンドを出場させるかどうかがフェスティバル顧問団会議で論議されたが、出場停止の意見に異議をとなえた顧問のひとりは次のように述べたという。

「彼らの演奏はロックの魂であるメッセージを理解せず、ただ叫んでいるだけだった。私は練習を聴いてメッセージの中身を話し合い、彼らもようやくメッセージを伝える演奏ができるようになってきた。確かに喫煙は悪いことだ。しかし、それで出場停止にしてしまったら彼らのこれまでの努力はどうなるのか。」

フェスの前日、湯飲み茶碗の酒を飲みながら私に語ってくれたのはある高校の事務員の方だった。「愛知私学の運動のいいところは、おれみたいな者も関われることだ」という彼の言葉が、「教員でないおれ」を意味するのか、日が落ちない内に私と茶碗酒をくみかわしている「おれ」を意味するのかは不明だ。この方だけでなく、父母懇談会の親たちとおつきあいしても、私学運動の懐の深さを心地よく感ずることができる。私教連委員長の寺内義和氏が言う〈「波風体験」がうみだす人間力〉が、運動と実践の思想になっているからであろう。

「学級崩壊」をめぐる議論から

ところで、学級崩壊に関わって出されている様々な論の中で、私たちが考察している「安心と自由」というテーマから見て見過ごすことができない本がある。河上亮一『学校崩壊』である。河上氏は「プロ教師の会」（埼玉教育塾）の一員である。同会編集の『子どもが変だ！』については筆者はすでに批判をしたことがあるが[11]、今日の学級崩壊現象に関わって従来からの持論を繰り返していること、その本が一般書店で平積みで売られ民間教育研究団体の雑誌でも好意的に紹介されていることを驚き危惧し[12]、この本の問題点を指摘したい。

この本の中にはぞっとするほどの「常識論」と「現状肯定感」と民主的教育論に対する「悪意」が満ちあふれている。

まず、「安心」に関わってだが、次のようなことが述べられている。

「人間は生まれてからずっと、家庭をふくめて社会のなかで生きていかなければならず、外部からの強制力がいっぱいはたらく。それに対して、いやだなと思ったり、ストレスが生じるのは、ある意味ではあたりまえのことだ。ストレスが悪いなどという言い方はまったく意味がない。生きていくにはさまざまなストレスに直面せざるをえないのである(13)。」

この文面を読む限りでは問題を感じないかもしれない。事実、「他人とともにありながら安心して自分自身でいられる」人間関係の重要性を論じている高垣忠一郎氏も思春期における「不安」の存在の意味を指摘している(14)。また、久冨善之氏の「安心強迫」に対する懸念もこのテーマの持つべきリアリティに関する指摘と理解できよう(15)。

河上氏の論の問題点は、この項の小見出し「学校にストレスがあるのはあたりまえ」に特徴的にあらわれている。プロ教師の会の論者たちに共通しているのは深刻な教育現場の状況を描きながら、問題を民主主義や人権という点から検討する立場を批判し、私から見れば論拠不明な〈そもそも論〉を持ち出して結局現状を肯定することである。

「学校はもともと生徒を抑圧するところであり、それなしには教育など成り立つわけがない。私は教師はそのことを自覚して行動しなくてはならないと思っているが、『無意識のうちに生徒を抑えつける』(16)、つまりいやでも教師の言うことを聞こうということを否定されては、学校など成り立たないのである。」

プロ教師の会編『別冊宝島一二九　ザ・中学教師　子どもが変だ！』では、「学校というところはそもそも、人権が制限される場所」「子どもの人権を認めることは近代教育の否定だ」など、子どもの人権に関して異様なまでの敵意を示している(17)。

学級崩壊と呼ばれる深刻な事態にあって、多くの教師が精神的に追い込まれている。民間教育研究サークルのメンバーとてその例外ではない。職場で個人的対応をよぎなくされ、自らの精神世界を破壊して教師を続けるのか、あるいは敗北感にさいなまれて早期退職するのか、というぎりぎりの選択を迫られている教師たちがいる。サークルをとおして学び築き上げてきた自己の精神世界を破壊せざるをえない時のうめき声は共通している。「子どもは変わった！」である。この良心的な苦悩からでるうめき声に、河上氏は悪魔のごとくささやき声をそえるのである。「そうだ、子どもは変わったのだ！」と。

一九八三年頃から大きくなってきた「子どもは変わった！」という声は、戦後何回ともなく言われてきたものとは明らかに軌を異にするものであった。それは一方では少年法改正の意図と重なって青少年の保護という戦後日本の少年法の精神を否定し、福祉と保護より対策・管理を青少年育成政策に持ち込む世論づくりに向かった。他方、子どもの変化を否定的状況の進行とみなす考え方はそれまで教育実践で大切にされてきた子どもとの人間的ふれあい、共感、相互理解への不信を論じ、前述したような〈そもそも論〉で教師の実践を規定した。そこには、教育の中央集権的政策に対する批判意識もなく、親・保護者や国民との連帯も導き出さない、ただ、抽象的に（もっと言えばきわめて主観的、恣意的に）規定された教育を遂行する教師像がある。さらに言えば、学校や近代教育を子どもの人権の制限あるいは否定から論ずる教育論に、教師を含めた人間存在の自由という視点が欠落し、否定されていることは明らかである。大田堯氏が北方の青年教師佐々木昂の歴史的苦悩にふれながら述べた「公教育教師としての悲哀(18)」をあらためてかみしめたい。

学校で子どもと向き合う時、教師はいったい何を背負わされているのか。その背負わされたものの問題性を感じない者であれば、ただそれを伝え、獲得させることに「プロ意識」をもてるだろう。しかし、かつて佐々木昂たちがそうであったように国家主義教育の尖兵となるか、あるいは地域の民衆と共に生きる教師になるのかの選択をしたのは、子どもに寄り添いきった結果だった。「安心」と「自由」―この二つの言葉が教育実践において〈と〉で結ばれるとしたら、それは教師が生き方の選択を主体的になす時にのみ意味をもちうるだろう。

思想と方策
―まとめにかえて

子どもの発達の苦悩に、教師の現代的苦悩を重ねて寄り添い、ともに自分たちの未来を語りはじめる―こんなことを聞いても追いつめられた精神状況の教師はまず肉体がうけつけないのではないか？　小学校六年生の担任として毎日疲れ切って帰宅する妻を見ながらますます筆は重くなる。卒業生や知人の教師がかけてくる電話の重苦しい声も思い出される。

しかし、それでも私は寄り添いきることとしか言えない。誤解のないように断っておくが、「学校というところはそもそも、子どもの人権が制限される場所なんです。もし子どもの権利をすべて認めて、登校時間からカリキュラム、担任の教師の選定にまで子どもが口を出すようになったら、学校なんて成りたつはずはありません(19)」などという俗論から非難を受けるようなことを私は言っているのではない。子どもに寄り添いきる思想をどう方策として現実化、実践化するかは一人ひとりの教師が明らかにすべきことであり、マニュアル化された技能などはない。滋賀の福井雅英氏の「耳かき」実践も、〈教師としてあまりに卑屈だ〉と批判するならそれでも良いだろう。しかし私は、同年代の中学教師が自らの人間的誇りをもって行った実践報告を涙なく聞くことができなかった。[20] ようは、肉体化された思想こそが現実を切り開く方策を産むということだと思う。地域民主教育全国交流研究集会で出会う滋賀の教師たちは明るい。私が所属する三重フレネ研究会のメンバーたちも明るい。そして愛知私教連の教師たちも。そこに共通して流れる運動と実践の思想にこそ、今日の困難な状況を打開する一つの道があるものと確信する。

注

（1）田揚江里「安心感と人間への信頼」『教育』一九九七年四月号、三九頁。
（2）『見えなかった死』キャプナ出版、一九九八年、六一頁。
（3）石川洋明「子どもの虐待防止ネットワーク・あいち（ＣＡＰＮＡ）の活動」『現代のエスプリ』第三八三号、一九九九年六月、一五四頁。
（4）同前、一五六〜一五八頁。
（5）多田氏による三重大学教育学部「人権と教育」講義より。
（6）田揚前出論文、四四頁。
（7）村山士郎「子どもたちに心地よさ感覚の時空を──現代の教育実践の切り口──」『教育』前出号、一七頁。
（8）竹内常一『子どもの自分くずし、その後』太郎次郎社、一九九八年、一六七頁。
（9）愛知私教連編『それぞれの旅立ち』高文研、一九八四年参照。
（10）寺内義和『大きな学力』労働旬報社、一九九六年、八九頁。
（11）拙稿「『現場を知らない』という言葉の意味するもの──生活指導実践を支える意識について──」三重民間教育研究所編『環』第三号、一九九一年八月。

(12)『作文と教育』一九九九年六月号、「教師の本棚」参照。
(13)河上亮一『学校崩壊』草思社、一九九九年、一三三頁。
(14)高垣忠一郎「子ども・青年の内側からみた学校」堀尾輝久他編『講座学校四　子どもの癒しと学校』柏書房、一九九六年、二二五〜二二六頁。
(15)福島裕敏・久冨善之「学校空間の『強迫』性を、安心へ」久冨執筆分、前出、八四頁。
(16)河上、前出書、一七二頁。
(17)『別冊宝島一二九　ザ・中学教師　子どもが変だ!』JICC、一九九一年、二〇六頁。
(18)大田堯「教育実践におけるリアリズム」『教育』一九六〇年一月号、一一頁。
(19)『別冊宝島一二九』前出、二〇六頁。
(20)福井雅英「子どもの生活世界に分け入ってこそ」『現代と教育』第三五号参照。同実践については前出村山論文が共感的批評を行っている。

初出　『教育』第四九巻八号、一九九九年八月。

おわりに

「子どもたちが手をつなぎ　丸い輪をつくり大きな声をはりあげて　クルクルとまわる
笑ってる　澄んだ目が美しい子らの声が　私の胸に　教えてくれた
この小さい小さい手が　未来をつくると」
（北海道学芸大学札幌分校うたう会作詞・作曲「小さい手を守ろう」より）

「全国教育系学生ゼミナール」（全教ゼミ）の集会で歌われたこの曲の「未来」と「子ども」とをつなげる歌詞がとても心に響いた。私はこの歌が好きで、学生時代はもちろん、三重大学の授業でも、愛知父母懇OB会の「七夕の集い」でも歌ったことがある（むろんアカペラで）。

太平洋戦争の敗戦後の混乱が続くなか、無着成恭『やまびこ学校』や象列車を走らせた東京都台東区子供議会の活動などのなかには、たくましく生きようとする子どもたちの姿と、その子どもたちに寄り添おうとする大人たちの姿があった。「子ども」は大人たちがともに「未来」を創り出す希望の灯火《ともしび》であった。

一九八三年頃から教育諸雑誌の特集で目にするようになった「子どもが変わった」という論調に、私は強い違和感を抱いた。少年法改悪という政治的動向も重なって、この国の「未来」に危機感を覚えた。本書が私の研究活動の遍歴を示す論稿集であるがゆえに、本書をつらぬく書名に悩んだ時、私の研究活動の原点である「子ども」と「未来」をむすぶことにした。

「子どものなかの未来をつかむ」は「子どものなかに未来をつかむ」とは異なるニュアンスをこめている。北方の教師たちが考えたように、子どもを、あるいは子どもの表現を善悪の対象としてとらえるのではなく、ありのままにとらえることを第一義的に表現したかったからである。その「ありのまま」に矢川徳光は「人間性と権力意思の矛盾」を、小川太郎は「二重の矛盾の子どもへの現代的反映」を、私は「発達課題の環」を読みとろうとする。恵那で出会った子どもたち、三重大学時代に出会った子どもたち、愛知県高校生フェスティバルで出会った高校生たち、彼らから私は多くのものを学び、考えてきた。それが私の研究推進動機であり、原点でもあった。

本書を編み始めた二〇二二年はロシアによるウクライナ侵略という蛮行がなされた年であった。連日のように報道されるウクライナの民衆、とりわけ命の危機におびえる子どもたちの姿には心が痛み、現在もなおその侵略行為が続けられていることに憤りを覚えざるをえない。他方、大義なき戦争にかり出されて夢と未来を奪われていくロシア兵達と、敢然と立ち向かうウクライナ国民が捧げた夢と未来に想いをはせざるをえない。一日も早く侵略行為が裁かれることを願ってやまない。

本書の出版に関しては四日市大学名誉教授の北島義信氏に仲介の労をとっていただきました。また文理閣代表の黒川美富子氏、編集部の山下信氏には校正から出版までの全てに渡って御助力をいただきました。ここに記して感謝と御礼を申し上げます。

最後に、私の論稿の第一読者であり、小学校教師の立場から意見を寄せて励ましてくれた妻・千恵子に感謝して筆を置きたい。

二〇二三年一月　　佐藤　廣和

著者紹介

佐藤廣和（さとう・ひろかず）

1948年名古屋市生まれ。京都大学教育学部、名古屋大学教育学研究科を経て三重大学教育学部に勤務。2013年三重大学を退職後2021年度まで愛西学園愛知黎明教育研究所所長。三重大学名誉教授。「私学をよくする愛知父母懇談会」名誉顧問。

〈主な業績〉

『佐々木昂著作集』（共編、無明舎）
『フレネ教育　生活表現と個性化教育』（青木書店）
『学校像の模索』（共著、岩波書店）
『戦後同和教育の研究　第５巻』（共著、部落問題研究所）

子どものなかの未来をつかむ
―生活表現と教育―

2023年２月25日　第１刷発行

著　者　佐藤廣和
発行者　黒川美富子
発行所　図書出版　文理閣
京都市下京区七条河原町西南角　〒600-8146
TEL（075）351-7553　FAX（075）351-7560
http://www.bunrikaku.com

印刷所　亜細亜印刷株式会社

ISBN978-4-89259-932-3